D1671824

Das Geheimnis gelassener Mütter

Goldwerte Tipps für mehr Entspannung & Harmonie

Nicole Tschiemer-Fryand

IMPRESSUM

Deutschsprachige Erstausgabe November 2023

www.balancierdich.com
info@balancierdich.com

Haftungsausschluss
Dieses Buch enthält Meinungen, Tipps und Erfahrungswerte. Das Werk gewährt keine Garantie für Vollständigkeit, Korrektheit und Aktualiät. Die Umsetzung der darin enthalten Informationen erfolgt auf eigenes Risiko und jegliche Haftung ist ausgeschlossen.

Autorin: Nicole Tschiemer-Fryand, www.balancierdich.com
Covergestaltung: FHCM® Design with Identiy, www.fhcm.de
Ilustrationen mit Nutzungsrecht erworben bei: Sandra Imhof, sue_imhof@hotmail.com
Bildmaterial: Quellverweis beim Bild
Titelbild mit Nutzungsrechten erworben bei Nicole Eggel
ISBN: 978-3-033-10243-9
Verantwortlich für den Druck: Amazon Distribution GmbH

Inhaltsverzeichnis

Vorwort 7

❀ *Kapitel 1*
Meine Geschichte 9

❀ *Kapitel 2*
Die Herausforderungen der Mutter-Rolle 17
    Unsicherheit...18
    Kindererziehung..20
    Schlafmangel 21
    Wenig Me-Time und Selbstbestimmung............................22
    Berufstätigkeit 24
    Haushalt 25
    Partnerschaft & Sexualität...27
    Vergleichen 30
    Hohe Ansprüche 31

❀ *Kapitel 3*
Tiefes Energie-Level..33
    Ursachen 34
    Verbesserungsmöglichkeiten 37
        Energiefresser reduzieren 37
        Auszeit und Ausgleich 41
        Auftank-Inseln 44

Kapitel 4

Einflussfaktoren innerer Balance 47

    Energie-Level 48

    Körper 49

        Schlaf 49

        Gesundheit, Ernährung, Entgiftung 50

        Bewegung und Kältebaden 52

        Elektrosmog 53

    Mindset 54

        Hirnnahrung 55

        Positives Denken 57

        Fingertest 58

        Neue Gehirnbahnen 59

    Persönlichkeitsentwicklung 60

        4 Menschentypen 60

        5 Liebes-Sprachen 61

        Hochsensibilität 63

        Human Design und Astrologie 63

        Verschiedene Wahrheiten 64

    Selbstwert 66

    Beziehungen 67

    Beruf/Finanzen 72

    Bewusstsein 77

        Bewusst SEIN 77

        4 Ebenen des SEINS 77

        Selbstbeobachtung 79

        Dankbarkeit 80

        Opfer-Schöpfer 83

        Urvertrauen 83

Kapitel 5

Das Unterbewusstsein..85
  Die Rolle des Unterbewusstseins.....................................86
    Definition Unterbewusstsein.....................................88
  Geringes Selbstwertgefühl...90
    Ursachen von geringem Selbstwertgefühl..............93
  Speicherungen im Unterbewusstsein.............................94
    Altlasten von unseren Ahnen....................................94
    Prägungen aus unserer pränatalen Phase...............94
    Prägungen aus unserer Kindheit..............................95
    Prägungen aus unseren Erlebnissen........................98
    Prägungen aus unserer Gesellschaft.......................99
    Weitere Einflüsse..100
  Unterbewusstsein verändern..102
    Verschiedene Methoden...103

Kapitel 6

Zusammenfassung der Praxis-Tipps.................................105
  Liebe Leserin...106
  Meine wichtigsten Goldwärt-Tipps................................107
  Meine Links und Empfehlungen......................................110
  Deine Erkenntnisse und Ziele..112
  Danksagung..114

Vorwort

Mein Start ins Mutter-Sein war sehr holprig und hat mein Leben ziemlich durcheinander gewirbelt. Ich fühlte mich oft hilflos, zweifelte sehr an mir selbst und hatte Gefühlsausbrüche, die ich nicht zuordnen konnte.
Meine Partnerschaft und die Beziehungen zur Familie waren ebenfalls eine Herausforderung für mich. Ich spürte diese tiefe Liebe zu meinem Kind und doch fühlte mich unglücklich, obwohl ich alles hatte. Und ich verstand nicht, warum es mir so ging.

Mein Weg aus diesem Dilemma war sehr lang, und ich habe verschiedene Herangehensweisen und Methoden ausprobiert, um dies aufzulösen. Einige Jahre später habe ich eine Praxis für ganzheitliche Persönlichkeitsentwicklung gegründet und mittlerweile erfolgreich Hunderten Frauen zu mehr innerer Balance verholfen. Daraus entstand die Idee, meine Erfahrungen in ein Buch zu packen, damit mehr Frauen von diesem Wissen und den Erfahrungen profitieren können; so dass auch sie mehr Gelassenheit und Lebensfreude in ihrem Alltag finden.

Denn was gibt es Bedeutenderes, als Kinder großzuziehen? Kinder sind unsere Zukunft! Kinder sind die nächste Generation! Kinder sind jene, die eines Tages unsere Unternehmen führen, in der Politik arbeiten und unsere Zukunft steuern. Deshalb sollten wir es endlich als wichtig erachten, dass unsere Kinder liebevoll zu eigenständigen Persönlichkeiten begleitet werden. Und nicht unsere Altlasten und Muster weitertragen.

Kapitel 1

Meine Geschichte

Am 21. August 2009 wurde ich Mutter. Dieser Tag sollte mein Leben für immer verändern. Schon die Geburt verlief anders als geplant, denn unser kleiner Sohn war in Steißlage, und trotz unserer Bedenken wollten wir eine Spontangeburt wagen. In der Spezialklinik (eine der wenigen, die eine Spontangeburt noch durchführen) hat man uns jedoch nach einigen Stunden Wehen und schlechten Herztönen von der Spontangeburt abgeraten.

Nach dem Kaiserschnitt durfte ich meinen Sohn auf meiner Brust halten und wir konnten ein inniges Bonding genießen. Diese ersten Stunden waren so wunderschön und speziell; kaum zu beschreiben, dieses Gefühl ein kleines Wesen auf der Haut zu spüren, es zu stillen. Alles war ungewohnt und wir begannen uns langsam kennenzulernen. Ich war 3 Tage im Spital, bis wir dann nach Hause gingen. Ich erinnere mich noch, dass ich so viel Milch in meinen Brüsten hatte und kaum wusste, wie ich das bewerkstelligen soll.

Meine ersten Herausforderungen waren außer diesem Überschuss an Milch auch das schlechte Trinkverhalten meines Sohnes. Nachts war er oft wach und wollte trinken, dementsprechend litt ich an Schlafmangel und Müdigkeit. Als der Kleine wenige Tage alt war, stand auch noch der Umzug an. Keine Ahnung, wie ich das gemacht habe, aber irgendwie ging es.

In unserer neuen Wohnung angekommen, in einem idyllischen Bergdorf in den Schweizer Bergen, fühlte ich mich anfangs wohl. Ich war vollbeschäftigt, denn ich habe bis zu 8 Stunden am Tag damit verbracht, meinen Sohn zu stillen, zu wecken (weil er ständig beim Trinken einschlief), zu wickeln und weiter zu stillen. Dazwischen habe ich ihn oft getragen, weil er nicht allein schlafen konnte.

Gefühlt hatte ich zu gar nichts mehr Zeit. Ich wusste kaum, wie ich mir etwas zu essen kochen konnte, geschweige denn einmal in Ruhe duschen. Mein damaliger Mann war stets sehr hilfsbereit, wenn er da war. Jedoch musste er Vollzeit arbeiten und hatte einen langen Arbeitsweg. Oft war ich also allein mit diesem kleinen Geschöpf und meiner Unsicherheit als frischgebackene Mutter mit massivem Schlafmangel.

Abends schrie der Kleine oft. Damit war ich extrem überfordert, und meine Geduld hing an einem seidenen Faden. Es kam hinzu, dass mein Mann und ich uns nicht mehr so gut verstanden wie vorher. Wir hatten verschiedene Ansichten, was die Betreuung unseres Kindes anbelangte. Die Aufmerksamkeit meines Mannes ging vor allem auf unser Kind, während ich mich nicht mehr so geliebt und zu wenig wahrgenommen fühlte.

Ich meinerseits hatte viel Körperkontakt mit meinem Kind (auch durch das häufige Tragen) und kaum noch Lust auf Sex. Diese veränderte Sexualität stellte natürlich ein großes Problem in unserer Beziehung dar. Heftige Streitereien, zu wenig Verständnis für den anderen und immer wieder neue Enttäuschungen führten zu einer zunehmenden emotionalen Distanz zwischen meinem Mann und mir.

Auch familiäre Probleme blieben nicht aus: Missverständnisse, unerfüllte Erwartungen, Auseinandersetzungen und gesundheitliche Themen machten mir große Sorgen. Ich erinnere mich noch genau, dass ich eines Abends allein am Küchentisch saß, bitterlich weinte und völlig verzweifelt war. Ich wollte nicht mehr. Ich konnte nicht mehr. Ich hatte keine Lust mehr, so weiter zu funktionieren – Tag für Tag. Die Leere in mir war unermesslich groß.

Ich war so unendlich traurig und verstand es nicht: Warum konnte ich nicht einfach glücklich sein, da ich doch jetzt alles hatte? Ein gesundes Kind, einen Ehemann, ein schönes Zuhause. Doch ich war unzufrieden. War ich einfach undankbar? Was hatte ich eigentlich für ein Problem? Das Schlimmste war, dass ich mich niemandem ganz ehrlich anvertrauen konnte. Wer konnte das denn verstehen?

Dann fasste ich einen Entschluss: So kann es nicht mehr weitergehen! Ich brauchte Hilfe. So suchte ich nach einem Psychologen und meldete mich zu einem Gespräch an. Es folgten noch 3 weitere Sitzungen. Jedoch spürte ich, dass das nicht das Richtige für mich war. So begann mein langer Weg auf der Suche nach Lösungen. Ich ging zur Hypnosetherapie, Kinesiologie, Homöopathie. Ich las Bücher über Partnerschaft und Kindererziehung, besuchte Selbstliebe-Kurse und wir gingen auch zur Eheberatung.

4 Jahre später kam unser zweiter Sohn auf die Welt. Unsere Beziehung hatte sich bis dahin etwas beruhigt und ich war zuversichtlich. Am Anfang hatte ich Sorgen: Wie werde ich den Bedürfnissen von 2 Kindern gerecht mit so einem großen Altersunterschied? – Doch nach und nach wuchs ich in diese Rolle hinein. Nach einigen Monaten häuften sich wieder unsere Diskussionen in der Partnerschaft. Als unsere Kinder 2 und 6 Jahre jung waren, entschied ich mich für eine Trennung.

Vorher kämpfte ich lange für unsere Beziehung und für unsere Familie. Diese Entscheidung fühlte sich wie ein Versagen an, denn ich hatte es nicht geschafft. Ich dachte monatelang darüber nach, immer wieder stand ich kurz vor der Trennung, und dann hatte ich doch wieder Hoffnung, dass alles besser wird. Immer wieder hatte ich mich irgendwie vertröstet. Am besagten Tag war das Fass übergelaufen und meine Entscheidung war nicht mehr rückgängig zu machen.

Diesen Schritt zu gehen, war extrem schwierig für mich, da mein Mann sich nicht trennen wollte. Ich musste die Trennung durchsetzen, was sehr schmerzhaft für uns alle war. Aber ich war fest entschlossen, nicht mehr den emotionalen Ballast meines Mannes zusätzlich auf meinen Schultern zu tragen. Ich hatte genug mit mir selbst und der Verantwortung für die Kinder zu tun. Ich konnte nicht mehr diesen Familien-Karren ziehen, ich hatte einfach genug. Ich war erschöpft.

In der folgenden Zeit habe ich sehr viel gelernt. Vor allem hatte ich eine Erkenntnis: Ich habe viel zu oft meinem Mann die Schuld in die Schuhe geschoben. Ich sah mich als Opfer und übergab ihm die Verantwortung, mich glücklich zu machen. Oft hatte ich keine Nerven mehr; sein Verhalten brachte mich zur Explosion und ich gab ihm die Schuld dafür. Aber all das konnte ich vorher nicht sehen. Erst als er weg war, habe ich es realisiert. Aus späteren Gesprächen weiß ich, dass es für ihn auch nicht einfach war, dass er sich viel zu sehr auf die negativen Dinge fokussierte und oft lange brauchte, um sein inneres Gleichgewicht wiederherzustellen.

Kurze Erklärung dazu:

Rückblickend betrachtet waren unsere verletzten Anteile in uns (auch „innere Kinder" genannt) mitverantwortlich für unser Verhalten. Dazu kamen auch Muster, Altlasten und Glaubenssätze, die in unserem Unterbewusstsein gespeichert waren. Insbesondere diese Opferhaltung, stets das Außen für das eigene Befinden verantwortlich zu machen, ist sehr typisch für die noch verletzten inneren Kinder.

Eine weitere wichtige Erkenntnis hatte ich in dieser Zeit: Ich hatte nicht mehr dieses plagende schlechte Gewissen, wenn ich die Kinder meinem Mann brachte. Denn vor der Trennung fiel es mir schwer, aber ich konnte mich trotzdem gut lösen, da ich die Me-Time brauchte. „Du kannst die Kinderbetreuung nicht deinem Mann allein überlassen, er arbeitet ja schon zu 100%. Was bist du denn für eine Mutter? Das kannst du doch nicht tun?", dachte ich oft. All diese Sätze kreisten in meinem Kopf.

Doch dann in der Trennung habe ich verstanden, dass das Elternsein auf 2 Menschen verteilt ist. Auch ich arbeitete mehr als 100% in meinem Job als Mutter, hatte eine 7-Tage-Woche, inkl. Nachtdienst, also nie wirklich Feierabend, geschweige denn Ferien. Wo bitte schön ist das Problem, sich einmal im Monat einen halben oder ganzen Tag freizunehmen – ohne schlechtes Gewissen? Dass ich das nicht vorher nicht sehen konnte, bereute ich sehr, und deshalb ist es mir heute so wichtig, den Müttern diese Botschaft weiterzugeben:

Du hast das Recht, dir Zeit für dich allein herauszunehmen. Du darfst deinem Mann die Kinder am Wochenende für ein Zeitfenster abgeben, denn du hast es dir verdient, deine Batterien aufzutanken.

Eine weitere Erkenntnis hatte ich in dieser Trennungsphase: Früher plagte mich mein schlechtes Gewissen, wenn ich mir mal ein paar Hosen kaufen wollte. Nach der Trennung gab es niemanden, der mich fragte, wofür ich das Geld einsetzte. Auch hier begriff ich erst viel später, dass das gemeinsam erwirtschaftete Geld, sprich auch der Lohn des Mannes, beiden Ehepartnern gehört. Denn wenn die Frau nicht zu Hause bleibt, um die Kinder zu betreuen, kann der Mann nicht arbeiten gehen. Oder wenn beide arbeiten, muss für die Betreuung bezahlt werden. Also ist doch das Geld des beruflich tätigen Mannes auch das Geld der Frau, die dafür sorgt, dass die Kinder begleitet werden.

Ich habe einmal sogar ausgerechnet, dass so eine Betreuung der Kinder 7 Tage die Woche, 365 Tage im Jahr, mit Nachtzulagen und Bereitschaftsdienst, ein doppeltes Monatsgehalt kosten würde. Warum also fühlen wir uns schlecht, wenn wir uns etwas gönnen? Warum denken wir, wir müssten den Mann um „Erlaubnis" bitten?

Rückblickend weiß ich, dass viele dieser unerkannten Blockaden, die ich in meinem System hatte, mich gefangen hielten wie in einem Hamsterrad. Ich funktionierte nur noch. Morgens dachte ich: „Oh Gott, hoffentlich ist es bald Abend ..." Abends war ich total kaputt auf dem Sofa oder schlief im Bett der Kinder ein. Ich hatte gar nichts mehr von mir selbst. Ich spürte mich nicht mehr.

Das erste Mal in meinem Leben fragte ich mich: Was will ich eigentlich? Was sind meine Ziele und Träume? Auch die Grenzen des Möglichen zu sprengen, war ein wichtiges Bedürfnis für mich. Schließlich war es das Network-Marketing, das mich auf die Persönlichkeitsentwicklung brachte – der Beginn einer langanhaltenden Weiterentwicklung mit vielen Kursen und Coachings. Ob im Bereich Mindset (Denkweise verändern), Bewusstsein erweitern oder Heilmethoden auf der Seelenebene; ich habe sehr viel ausprobiert, und ich durfte so viel lernen.

Sehr bedeutend und lehrreich dabei war für mich die Begleitung meiner lieben Freundin und Mentorin Heli Stofiglio. Insgesamt gesehen darf ich an dieser Stelle erwähnen, dass ich sehr viel Geld in mich selbst investierte. Damit hätte ich mir einen großartigen Neuwagen kaufen können. Aber habe ich es bereut? Nein. Denn ich weiß, was es mir gebracht hat. Es hat mir geholfen, meinen Weg zu mir selbst zu finden, meine Altlasten loszuwerden, zu vergeben (mir selbst und anderen), mein Bewusstsein in eine neue Richtung zu lenken und endlich in meine Schöpferkraft zu kommen. Und dieser Wert ist unbezahlbar!

Seit 2019 helfe ich Frauen und insbesondere Müttern, (seit Kurzem auch Männern und Paaren) in ihr inneres Gleichgewicht zu kommen. In meiner Praxis BalancierDICH geht es darum, den Ballast sowie Muster im Unterbewusstsein loszulassen und wieder mehr Energie, Lebensfreude und Gelassenheit zu finden.

Diese Botschaft ist so wichtig – verinnerliche sie bitte, schreibe sie dir auf:

Es ist so wichtig, dass es dir als Mutter gut geht. Du bist der Dreh- und Angelpunkt im Familienrad. Wenn es dir gut geht, profitieren alle davon!

Wenn du in einer guten Energie bist und genügend Power hast, kannst du gelassener mit den Kindern umgehen. Zudem hast du auch mehr Kapazität für deinen Partner, um dich ihm zuzuwenden.

Ich bin sehr dankbar, dass ich in den letzten Jahren so vielen Frauen weiterhelfen konnte mit meinem Transformationsprogramm, der **Goldwärt-Reise.** Dabei durfte ich so viele positive und unbeschreiblich schöne Erfahrungen machen.

In diesem Buch möchte ich dir, liebe Leserin, ein paar dieser **Goldwärt-Tools** schenken, die ich normalerweise nur meinen Seelen-Kundinnen weitergebe. Ich gebe dir einen Einblick in einige dieser Prozesse, damit du einerseits verstehst, wie wichtig es ist, dass es dir gut geht. Andererseits bekommst du praktische Tipps und Übungen, die du direkt umsetzen kannst. Denn ich bin ein Fan von Praxis und weniger von Theorie.

Gemäß dem Motto „weniger ist mehr" habe ich mich entschieden, dir nicht Hunderte, sondern einige ausgewählte Ratschläge mitzugeben. Denn alles Wissen nützt dir nichts, wenn du es nicht gleich umsetzt. Versprich mir also eines: Nimm dir ein Notizbuch zur Hand um die Übungen im Buch auszufüllen und dir Aha-Erkenntnisse während des Lesens aufzuschreiben.
Und wende die wertvollen **Goldwärt-Tools** an, die du hier erlernst.

Ich freu mich auf eine Rückmeldung per E-Mail, wenn du deine Erfahrungen, die du mit diesen Tools gemacht hast, mit mir teilen möchtest.

Ich wünsche dir viel Freude und Erfolg mit den folgenden Kapiteln!

Deine Nicole

Kapitel 2

Die Herausforderungen der Mutter-Rolle

Unsicherheit

Betrachten wir es mal ganz nüchtern von außen. In den meisten Fällen läuft es so ab: Männlein und Weiblein lernen sich kennen, lieben sich und irgendwann wünschen sie sich ein Kind. Sie haben Vorstellungen und Träume, wie es sich anfühlt glücklich zu sein, wenn man endlich eine Familie ist.

Wenn man Glück hat, klappt es auch ziemlich bald und man ist so aufgeregt und voller Vorfreude. Gemeinsam liest man viele Bücher oder schaut sich Videos an über die Entwicklung des kleinen Wesens im Bauch der Mutter. Man malt es sich aus, wie es sein wird, als kleine Familie. Kindersachen, Kinderwagen und all die tausend Dinge, die man braucht, werden gekauft. Natürlich geht man zu allen Kontrollen und wird das erste Mal mit Fragen von Untersuchungsmethoden konfrontiert. Schließlich geht es ja nicht nur um dich als Mutter!

Schon bald nach dem Geburtsvorbereitungskurs steht die Geburt bevor. Ich lehne mich mal aus dem Fenster: Ich schätze, dass viele Frauen die Geburt anders erleben, als sie erwartet hatten. Vielleicht sogar auch traumatisch. Vielleicht war die Zeit im Krankenhaus stressig (schon der Name ist ja Angst-einflößend: KRANKEN-haus), oder es klappte mit dem Stillen nicht auf Anhieb, usw.

So kommt die junge Mutter mit dem Neugeboren nach Hause. Alles ist neu. Beide müssen sich noch aneinander gewöhnen. Das Kleine schreit und meistens geht die Mutter nach dem Ausschluss-Prinzip vor:

1. Hat es Hunger?
2. Hat es Mühe mit Einschlafen?
3. Ist ihm heiß?
4. Ist ihm kalt?
5. Hat es die Windeln voll?
6. Hat es Schmerzen / Bauchweh?
7. Was hat es um Himmels Willen????

All diese Fragen, diese neuen Situationen bewirken Unsicherheiten unschätzbaren Ausmaßes in der jungen Mutter (und im Vater). Vielleicht kommen noch viele gut gemeinte RatSCHLÄGE von allen Seiten hinzu und man ist noch unsicherer als ohnehin schon. Ich beobachtete im Laufe meiner frühen Mutter-Jahre immer wieder, dass eine Strategie, die bei meinem Kind heute funktioniert, in kurzer Zeit schon wieder misslingen kann. Deshalb sind wir als Mütter ständig gefordert, immer flexibel und erfinderisch zu bleiben.

Jedes Kind ist anders, jede Mutter ist anders, jede Familie ist anders. Deshalb funktionieren nicht immer alle Tipps bei allen, sondern wir müssen selbst aktiv werden und uns um Lösungen bemühen. Das ist eine spannende und lehrreiche Herausforderung. Wir können sehr daran wachsen und ich denke, Kinder bieten uns das größte Lernfeld überhaupt. Aber auch ein Feld, das am meisten Energie benötigt.

Kindererziehung

War es früher eher so, dass wir und/oder die Generation unserer Eltern eher autoritär erzogen wurden (=erZIEHEN), streben viele Eltern heute die bedürfnisorientierte Begleitung an. Aus einem spannenden Podcast habe ich hierzu folgende Impulse mitgenommen: Bezogen auf meine Generation war Bonding noch kein Thema. Nicht selten kam es vor, dass das Baby erst lange bei den ersten Untersuchungen war und nicht direkt bei der Mutter. Die ersten Tage verbrachte es meistens im Säuglingszimmer und ernährt wurde es in einem strikten Rhythmus. Oft hieß es: „Kinder müssten halt schreien und lernen selbst einzuschlafen." Was lernt ein Kind daraus? „Meine Bedürfnisse sind nicht wichtig, ich muss mich anpassen, mich melden bringt nichts, ich resigniere besser."

So war dann die Erziehung im Kindesalter auch einfacher, da die Kinder sozusagen schon gewohnt waren, sich unterzuordnen.

In der heutigen Zeit ist vieles anders. Bonding, also der sofortige und lange Kontakt zwischen Mutter und dem Neugeborenen, ist enorm wichtig geworden. So auch das Stillen bzw. Ernähren nach Bedarf. Des Weiteren wissen wir mittlerweile auch, wie wichtig der Körperkontakt und das Tragen des Kleinkindes ist. Endlich werden die Bedürfnisse eines Babys ernst genommen. Babys werden nicht mehr möglichst lange schreien gelassen. Dies bewirkt bei unseren heutigen Kindern die Erkenntnis: „Ich bin wichtig, meine Bedürfnisse sind wichtig. Ich werde gehört."

Die Kinder von heute lassen sich nicht mehr so einfach „steuern" wie ihre vorangegangenen Generationen. Sowohl ihr Selbstbewusstsein als auch ihr Selbstwert ist somit höher. Diese Tatsache macht die Begleitung der Kinder in unserer Zeitepoche natürlich auch herausfordernder, und das darf uns bewusst werden. Wir dürfen mehr Verständnis für uns selbst als Eltern aufbringen, dass diese Entwicklung energiezehrender ist.

Schlafmangel

Der Schlaf-Rhythmus ist eine weitere Herausforderung. Ob ein Kind viel schläft, allein schläft, leicht einschläft, oft trinkt in der Nacht (gestillt wird) oder nicht – all diese Faktoren machen sehr große Unterschiede in der nächtlichen Erholungsqualität der Eltern aus.

„Schlafentzug ist eine Foltermethode", sage ich immer. Und ich weiß wovon ich rede, denn ich selbst konnte 7 Jahre lang nicht durchschlafen.
Zwar versuchte ich so oft es ging, tagsüber den Schlaf nachzuholen, aber das war allerdings nicht so einfach. Heute wüsste ich, wie mein Körper in kurzer Zeit wieder mehr zu Energie kommt und ich leichter abschalten kann, und zwar mit einem Power Nap. Oder auch 2, je nach Schlafmangel. Konkrete Tipps dazu folgen in Kapitel 6.

Oft haben wir Mütter auch das Gefühl, dass es ohne uns nicht geht oder wir eine schlechte Mama sind, wenn wir das Baby aus den Händen geben. Es ist mir ein Anliegen, hier aufzuzeigen, wie essentiell es ist, dass der Körper sich bei starkem Schlafmangel wieder regenerieren kann. Das Fragen um Hilfe, auch für kurze Zeitfenster, ist kein Zeichen des Versagens. Ich selbst habe mich damit leider auch viel zu sehr gequält, und mein Stolz war zu groß. Aber wozu? Was hat es mir gebracht? Gar nichts außer einen übermüdeten Körper und innerliche Frustration. Erlaube dir also Pausen, gönne dir Unterstützung, so kannst du auch geduldiger und liebevoller mit deinem Kind sein.

Wenig Me-Time und Selbstbestimmung

In die Mutter-Rolle wortwörtlich auch hineingeboren zu werden, trägt zu einer kompletten Umstellung des Lebens bei, wie kaum sonst etwas.

Früher bestimmte die Frau selbst, was sie machen wollte, welche Hobbys sie genoss, wie viel Zeit sie für sich persönlich nehmen wollte.

Ab dem ersten Tag des Mutterseins, dreht sich alles um das Kind und darum, dessen Bedürfnisse zu erfüllen.

Sicherlich ist das auch sehr schön und die Liebe zu einem Kind ist das intensivste und wohl schönste Gefühl, das ich je erlebt habe. Dennoch war für mich die Mutter-Rolle sehr überfordernd, es stellte meine ganze Welt auf den Kopf und ich kam extrem an meine Grenzen. Ich war überhaupt nicht gut darauf vorbereitet.

Wenn wir uns in der Schweiz einen Hund zulegen, müssen wir einen obligatorischen Hundeerziehungskurs machen. Aber nicht, wenn Menschen Kinder auf die Welt bringen. Auf die Geburt lässt sich vorbereiten, wenn auch nur beschränkt möglich, da man ja noch nie FÜHLTE, was Wehen sind und keine Vorstellung davon hat. Aber was kommt danach?

Klar gibt es Mütter-Väter-Beratung, Bücher und Ratgeber. Und du kannst dich im Internet informieren oder mit anderen Müttern austauschen. Im Alltag jedoch, wenn du allein zu Hause bist, gleichzeitig die Wäsche zusammenlegen, kochen und das Kind in den Schlaf wiegen solltest – wird das Banalste zur echten Herausforderung. Ich denke, eines der krassesten Veränderungen der frisch gewordenen Mutter ist, dass sie kaum eine freie Minute für sich persönlich hat. Jaaaa, nicht mal auf dem Klo hat sie ihre Ruhe ... Das kann schon sehr einengend sein, so dass sie sich überhaupt nicht mehr frei fühlt.

Jede kinderlose Minute muss geplant und organisiert werden. Dabei fragte ich mich jedes Mal: „Ist das jetzt gerechtfertigt? Kann ich da gehen, passt es gerade in unseren Familienkalender? Darf ich das meinem Mann oder der Großmutter zumuten?" Dieses Gedankenkarussell und die Gewissensbisse waren oftmals sehr energiezehrend, aber das war mir damals gar nicht bewusst. Wenn dann noch Bemerkungen oder doofe Fragen von außen kommen, wie zum Beispiel, „Muss das denn jetzt sein?", fällt eine Mutter leicht in das Gefühl des schlechten Gewissens.

Berufstätigkeit

Geht eine Frau arbeiten, hat sie wie eine „offizielle Berechtigung", die Kinder abzugeben. Das finde ich so spannend. Interessanterweise habe ich folgende Tatsache immer wieder beobachtet: Wenn es darum ging, sich als Mutter zu organisieren, um zur Arbeit gehen zu können, wurde immer eine Lösung gefunden. Wenn es jedoch darum ging, die Batterien aufzutanken, da wurde erst lange darüber nachgedacht und gezweifelt, ob das denn jetzt wirklich nötig ist.

Also bedeutet das im Umkehrschluss: Die Arbeit ist wichtiger als das Wohlbefinden der Mutter. Ist das so?

Genauso war auch ich selbst eingestellt, bis ich das schlussendlich realisierte. Ich persönlich arbeitete 10 Jahre lang nur zu 10-15% in einem Job bei der Gesundheitsförderung. Unsere Kinder waren einen Tag pro Woche in der Kita, und so hatte ich manchmal einen halben Tag für mich. Wobei ich anfangs, anstatt es zu genießen, nach Hause ging zum Putzen oder Termine beim Arzt oder dergleichen erledigte. Mit den Jahren lernte ich aber, dass ich diese Zeit besser nutze, um Energie zu tanken.

Zum Thema „Arbeiten neben dem Mutter-Job" möchte ich noch eine erstaunliche Tatsache erwähnen. Geht die Mutter nicht einem Beruf nach, fühlt sich die Frau oft schlecht. Wird sie gefragt, ob sie arbeitet, antwortet sie: „Nein, ich bin NUR zu Hause." Wie bitte??? Ich erinnere dich: Das Mutter-Sein ist mehr als ein 100%-Job! Wie wäre es denn mit der Antwort: „Ich bin Vollzeit-Mutter und Familienmanagerin." Hört sich schon viel besser an, oder?

Und andersherum verhält es sich ähnlich. Geht eine Mutter hochprozentig arbeiten, so hat sie ebenso oft ein schlechtes Gewissen. Vor allem gibt sie die Kinder gar nicht gerne zusätzlich noch aus der Hand, um Zeit für sich zu haben. „Ich kann die Kinder doch nicht schon wieder abgeben!", rattert es im Hinterkopf, gekoppelt an die Angst, was andere Menschen über sie denken. Als egoistisch oder karriere-geil abgestempelt zu werden, darüber machen sich diese Frauen meistens Sorgen.

Haushalt

Ist es nicht oft so, dass der Mann am Abend nach Hause kommt, das Chaos in der Wohnung sieht und fragt (oder zumindest denkt): „Was hast du denn heute gemacht?" Die Frau fühlt sich beleidigt und kritisiert, weil sie den ganzen Tag alle Hände voll zu tun hatte und irgendwie doch nicht vorwärtskam.
Oder sie reagiert wie ich damals und ist in Null Komma nix auf 180, während sie dem Mann zu ihrer Verteidigung zuschreit: „Was denkst du denn? Ich war den ganzen Tag auf dem Sofa oder was?" Und die Wut kocht wie in einem Dampfkochtopf, der jeden Moment zu explodieren scheint.

Ein anderer klassischer Fall ist, dass wir Mütter uns gerne zu einem Kaffee treffen, damit die Kinder sich sozialisieren und wir uns austauschen können. Nur ist es nicht so, wie die Männer sich dies vorstellen, dass wir gemütlich am Tisch sitzen und chillen. Meistens geht es sehr chaotisch und laut zu, wir müssen ständig aufstehen, schlichten, trösten, wickeln, füttern usw. Aber nach außen sieht es so aus, als hätte Mama ja nur einen entspannten Freundinnen-Nachmittag gehabt. Ich muss echt schmunzeln, wenn ich darüber nachdenke, wie weit voneinander entfernt Vorstellung und Realität wirklich sein können.
Was mich früher auch sehr frustrierte, war, dass ich mir so viel Mühe gab, ich ständig dran war und doch immer das Gefühl hatte: Ich werde nie fertig!

Ich erinnere mich, dass ich eines Abends meinem Mann sagte, den die vielen Spielsachen im Wohnzimmer störten: „Wir haben jetzt Kinder und da ist die Ordnung nicht mehr so wie früher. Diese Phase geht jedoch vorbei und eines Tages wird unser Wohnzimmer wieder wie ein Wohnzimmer aussehen und nicht mehr wie ein Spielplatz." Es zu akzeptieren, wie es ist, anstatt dieselben Ansprüche an den Haushalt zu haben wie vor den Kindern, brachte mich ein großes Stück weiter. So konnte ich mir meinen eigenen Druck nehmen und die hohen Ansprüche herunterschrauben.

So hörte ich beispielsweise auf zu bügeln. Stattdessen schüttelte ich die T-Shirts beim Aufhängen schön aus und legte sie sorgfältig zusammen, so sparte ich mir enorm viel Zeit. Viele Jahre räumte ich immer so gut es ging auf, wenn jemand zu Besuch kam, und sorgte dafür, dass Küche und Bad einigermaßen gut aussahen. Ich war zwar nie die Frau, die alles blitzblank und nichts außer der Früchteschale auf dem Tisch hatte. Dennoch war es mir peinlich und unangenehm, nicht die perfekte Hausfrau zu sein. Erst viele Jahre später konnte ich das ablegen. Nicht zuletzt, weil eine Freundin einmal zu mir sagte: „Ich finde es so cool, wie es bei dir zu Hause aussieht – es lebt einfach!" Das ist doch auch eine Wahrheit, oder?

Ist es nicht wertvoller, eine ausgeglichene Mutter zu sein oder dem Kind mehr Aufmerksamkeit zu schenken, anstatt die Wohnung perfekt zu haben?

Partnerschaft & Sexualität

So einschneidend wie sich das Mutter-Werden auf die Me-Time und sich selbst als Person auswirkt, genau so krass wird auch die Partnerschaft beeinflusst. Von einem Moment auf den anderen werden wir Eltern und haben plötzlich neue Rollen, in die wir uns einleben dürfen: als Mama, als Papa, als Eltern. Wo früher unterschiedliche Meinungen noch gut vereinbar waren mit Kompromissen oder Toleranz, wird es hier um einiges herausfordernder. Es geht nicht mehr um dich persönlich oder um deinen Partner, sondern um ein Lebewesen, für welches ihr beide die Verantwortung tragt.

Nehmen wir das Kind immer direkt hoch, wenn es schreit? Wie bringen wir ihm bei, allein zu schlafen? Geben wir den Schnuller oder nicht? Impfen wir nach Plan? Sollen wir direkt zum Arzt, wenn es krank ist? Kita / Babysitterin – ja oder nein? Können wir uns das leisten? Gehe ich als Mama arbeiten oder nicht? Wollen wir dafür das Geld ausgeben? – Tausende Fragen häufen sich und entsprechend ist logischerweise auch ein riesiges Konfliktpotenzial da.

Hinzu kommt, dass jede Person ihren eigenen Hintergrund hat. Wir sind verschieden aufgewachsen, haben verschiedene Erziehungsstile genossen, und sind unterschiedlich geprägt worden von unserer Vergangenheit. Auch hier prallten bei meinem Mann und mir Welten aufeinander. Das haben wir im Vorfeld gar nicht so wahrgenommen.

Wer hat denn jetzt Recht in Bezug auf das kleine Wesen und seine Erziehung? Wessen Meinung ist diejenige, für welche wir uns entscheiden?

In diesen Diskussionen immer objektiv zu bleiben und das eigene Ego zurückzustellen, ist wohl bei den meisten Paaren schwierig. Wie auch bei uns damals, und deshalb krachte es oft sehr gewaltig und die dicke Luft hielt manchmal sogar Tage lang an. Missverständnisse, Fehlinterpretationen, Enttäuschungen in Form von nicht erfüllten Erwartungen, Mangel an Aufmerksamkeit und körperlicher Nähe, Streitereien mit Herkunftsfamilien, Belastungen am Arbeitsplatz; so viele Problemfelder können hier auftreten.

Ein weiterer Faktor ist die rare Zweisamkeit als Paar. Kaum noch nimmt man sich dafür die Zeit und auch die Mühe für das Organisieren der Kinderbetreuung. Oft fehlen schlicht die Energie und Motivation. Vielleicht steht das schlechte Gewissen im Weg, das Kind abzugeben. Oder Paarzeit ist für die eine Person wichtiger als für die andere.

Zu wenig Kinderbetreuungsmöglichkeiten oder Unstimmigkeiten mit den Herkunftsfamilien. So vieles kann hier schief gehen, wodurch die Zeit zu zweit zu kurz kommt.

Was fast bei allen Paaren ein weiteres Problem darstellt, ist die Sexualität. Oftmals hat die Frau durch den intensiven Körperkontakt und den stressigen Alltag einfach so von allem genug, dass sie nur noch ihre Ruhe haben will. Bei den kleinsten Annäherungsversuchen des Mannes, schießt es ihr durch den Kopf: „Oh nein, nicht schon wieder, ich habe einfach keinen Bock auf Sex! Was mach ich jetzt? Soll ich es halt über mich ergehen lassen? Oder sage ich Nein und er ist wieder beleidigt?" Es ist wirklich eine schwierige Situation, in der wir Frauen oft so stark abwägen müssen, ob wir uns darauf einlassen oder nicht.

Ich persönlich habe festgestellt, dass wenn unsere Beziehung in einer schlechten Phase steckte, ich absolut nicht mehr kompromissbereit war. Meine verletzten Gefühle waren so dermaßen im Vordergrund, dass ich mich emotional zurückzog.

Fühlte ich aber eine Verbindung, Wertschätzung und Liebe zwischen uns, war ich auch offener für sexuelle Aktivitäten. Diesen Umstand beschrieb ein Paartherapeut in einem Interview so schön: wie wichtig die emotionale Nähe ist, bevor die körperliche Nähe stattfinden kann. Vor allem für die Frau. Männer können meistens Sex auch sehr gut als Stress-Abbau-Ventil nutzen und ticken da anders.

Ein weiterer Aspekt für meine Sex-Bereitschaft war der Umstand, ob ich genug Raum und Zeit für mich selbst hatte oder nicht. Hatte ich kaum Me-Time, so merkte ich, dass ich schlichtweg nicht noch mehr geben konnte. Also ist es aus meiner Sicht sehr wichtig, als Mama zuerst für den eigenen Freiraum und das Auftanken zu sorgen. Im nächsten Schritt ist folglich auch wieder mehr Energie da, um sie in die Partnerschaft zu stecken.

All die genannten Herausforderungen führen immer wieder zu Enttäuschungen, Verletzungen und oftmals zum emotionalen Rückzug.
Was passiert dann?

Meinen Erfahrungen und Beobachtungen nach lebt man sich immer weiter auseinander, redet kaum noch tiefgründig miteinander, jeder lebt in seiner eigenen Welt und versucht sich mit der Situation zu arrangieren. Daraus kann später eine Trennung entstehen. Oder das Paar bleibt als Zweckgemeinschaft zusammen, ist innerlich aber frustriert und unzufrieden. So lebt es den Kindern „Ideale" vor, die so nicht bewusst gewollt sind.

Vergleichen

Früher habe ich oftmals verglichen: Was kann das Baby der Kollegin schon? Was sind die nächsten Entwicklungsschritte meines Kindes?
Und oft hatte ich den Eindruck, der anderen Mama geht es viel besser als mir: Sie kann mehr schlafen, ihr Kind ist viel ruhiger, sie hat es so viel besser mit ihrem Mann.

Oder sie hat mehr Kinderbetreuungsmöglichkeiten als ich. Bei ihr ist es aufgeräumt und schön dekoriert, die Wäsche im Schrank geordnet.

Alles schien bei ihr so viel einfacher. Was ich aber nicht sah, war, wie es vielleicht 2 Stunden vor meinem Besuch in ihrem Wohnzimmer aussah oder wie heftig der letzte Streit mit ihrem Mann war. Denn offen und ehrlich zuzugestehen, wie es ihnen wirklich ging, das machten nur wenige Frauen.

Hohe Ansprüche

Es gut machen wollen oder vielleicht sogar perfekt – wer kennt das nicht? Es allen recht machen wollen, schlecht Nein sagen und sich nicht gut abgrenzen können, genauso. Oft ist in uns die Prägung verankert, dass wir viel leisten, viel geben und gut sein müssen und wir nur dann geliebt und anerkannt werden. Das war viele Jahre auch mein Normal. Ich habe es während dieser Zeit aber gar nicht realisiert.

Ich wuchs ja bereits so auf, meine Eltern als Selbstständige waren immer fleißig und viel am Arbeiten. In der Schule zählten nur gute Noten und dass man angepasst war. Bei den Mitschülern gab es auch bestimmte Kriterien, wann man „In" war und deshalb respektiert wurde. Überall lauerten diese ungeschriebenen und auch geschriebenen Gesetze, wie man zu funktionieren hatte.

So haben die meisten von uns gelernt: Du musst viel leisten für Liebe, Anerkennung und Bestätigung. Ich persönlich habe sehr früh zu Hause mitgeholfen, sei es bei der Hausarbeit oder später auch im Geschäft. Ich war es gewohnt, fleißig zu sein und auch mal mehr Druck auszuhalten. Dadurch hatte ich innerlich auch ein gutes Gefühl, etwas wert zu sein.

Im neuen Job als Mama war es nicht wirklich anders. So viele Verpflichtungen, so viel Verantwortung, so viele Aufgaben, so viele Bedürfnisse, alles unter einen Hut bekommen. Das war eine große Challenge, die ich recht gut gemeistert habe. Doch ich selbst blieb dabei auf der Strecke. Am Abend fragte ich mich manchmal: „Wo bin ich eigentlich noch? Was ist von mir übriggeblieben?"

Bei vielen Frauen beobachtete ich ebenfalls, dass ihr Drang danach, alles perfekt haben wollen, so stark war, dass sie sich kaum ausruhen konnten. Sie waren so getrieben von ihrem Perfektionismus, dass sie sich keine Pausen gönnten und sehr frustriert waren, wenn sie ihren eigenen hohen Ansprüchen nicht gerecht wurden. Viele zweifelnde, kritisierende Gedanken und elend lange To-Do-Liste schwirrten wie ein Karussell in ihren Köpfen und ließen sie abends schlecht einschlafen. Aus diesem Muster konnten sie nicht gut aussteigen, weil der Ursprung so stark im Unterbewusstsein verankert ist.

Kapitel 3

Tiefes Energie-Level

Ursachen

Durch die vielen Aufgaben, Herausforderungen und nicht zuletzt der großen Verantwortung, die oft auf den Schultern der Mütter liegen, fühlen sich diese müde, ausgelaugt oder auch überfordert. Nicht selten kann es auch zu einem Erschöpfungszustand oder Burnout kommen, weil die Frau so lange weitermacht, bis sie wortwörtlich nicht mehr kann.

Das Müttergenesungswerk gibt an, dass die Zahl der Mütter mit Erschöpfungssyndrom bis hin zum Burn-out in den letzten 10 Jahren um 37 Prozentpunkte gestiegen sei. Schätzungen gehen davon aus, dass jede fünfte Mutter betroffen ist. Häufig suchen gerade Mütter viel zu spät Hilfe. Viele versuchen, dem hohen Erwartungsdruck bis zuletzt zu entsprechen, und reagieren erst, wenn nichts mehr geht.

Bei meinen Interessentinnen und Kundinnen mache ich daher immer eine Analyse ihres Energie-Levels auf einer Skala von 0-10. Die meisten befinden sich zwischen 2 und 5, was bedeutet, dass klarer Handlungsbedarf besteht. Mit einem tiefen Energie-Level ist es schlichtweg nicht möglich, ruhig und gelassen mit den Kindern oder dem Partner umzugehen. Durch die negativen Emotionen, die eine Mutter als Frequenz nach außen überträgt, sind die Kinder auch eher unruhiger und herausfordernder.

Ist das Energie-Level schon so tief, dass eine Mutter kurz vor einem Klinik-Aufenthalt steht, ist die Ausgangslage viel schwieriger. Das bedeutet, dass die Ressourcen fast nicht mehr ausreichen, um Maßnahmen für eine Verbesserung umzusetzen. Deshalb ist es enorm wichtig, frühzeitig nach Unterstützung zu suchen, statt hinauszuzögern, bis ein Zusammenbruch folgt. Wer dann schwerwiegende körperliche Symptome hat oder gar in eine Klinik kommt, hat mehrere Monate daran zu arbeiten.

Das Thema mit dem Energie-Level vergleiche ich gerne bildlich mit einem Auto, mit dem wir täglich einen Berg hinauffahren müssen: Das kostet uns in etwa 3 Punkte. Wenn wir am frühen Morgen mit einer 5 starten, haben wir abends noch ein Energie-Level von 2. Das heißt, es reicht knapp noch dafür, um die Kinder ins Bett zu bringen. Danach liegt Mama nur noch auf dem Sofa und will ihre Ruhe haben.

Wenn wir jedoch mit einer 8 starten, haben wir eine 5 am Tagesende und können den Feierabend noch sinnvoll nutzen, für uns selbst oder auch für die Partnerschaft.

Es liegt auf der Hand, dass eine Mutter mit einem tiefen Energie-Level viel weniger Geduld hat und auch schneller gestresst ist. Bei mir selbst brauchte es nur wenig, bis ich platzte und beispielsweise wieder die Kinder anschrie oder mal am Arm packte. Die niederschmetternden Gedanken, die ich im Anschluss an mich selbst richtete, waren sehr verletzend. Wieder hatte ich es nicht geschafft, ruhig zu bleiben. Wieder hatte ich etwas gesagt, was ich nicht wollte. Wieder fühlte ich mich als Versagerin, weil ich es einfach nicht im Griff hatte. Und und und … Das Ganze verschlimmerte sich noch, da ich mich durch das „Wieder und Wieder" in eine Negativ-Spirale katapultierte.

Es war mir durchaus bewusst, dass ich mehr Energie brauchte, so versuchte ich mindestens 1 Mal pro Woche etwas für mich zu machen. Anfangs ging ich zum Yoga, später zum Volleyball, was mir gut tat. Aber das gute Auftanken hielt nicht lange an, weil ich zu viele Energiefresser hatte. Um wieder in Bildern zu sprechen: Es ist, wie wenn du ein Boot mit einem Loch hast und du ständig versuchst, das Wasser herauszuschaufeln (=Energie tanken). Aber der Erfolg hält nicht lange an, weil durch das Leck wieder neues Wasser in dein Boot fließt (=Energiefresser).

Es ist also enorm wichtig zu analysieren, wer, wo und was uns viel Energie raubt. Sonst ist die gewonnene Energie schwuppdiwupp wieder weg.

Verbesserungsmöglichkeiten

Wie können wir nun dieses tiefe Energielevel anheben?
Indem wir auf beiden Seiten arbeiten, d.h. einerseits dafür sorgen, dass wir Energie tanken, und andererseits die Energiefresser minimieren. Gehen wir zuerst auf den zweiten Ansatz ein.

ENERGIEFRESSER REDUZIEREN
Dazu habe ich 2 Analyse-Tools entwickelt. Das Happiness- und Selbstliebe-Rad. Auf www.balancierdich.com/tools kannst du sie dir gerne auch downloaden. So siehst du auf einen Blick, wie deine aktuelle Situation aussieht und worin am meisten Optimierungspotenzial liegt.

 Happiness- & Selbstliebe-Rad herunterladen

Selbstliebe-Rad

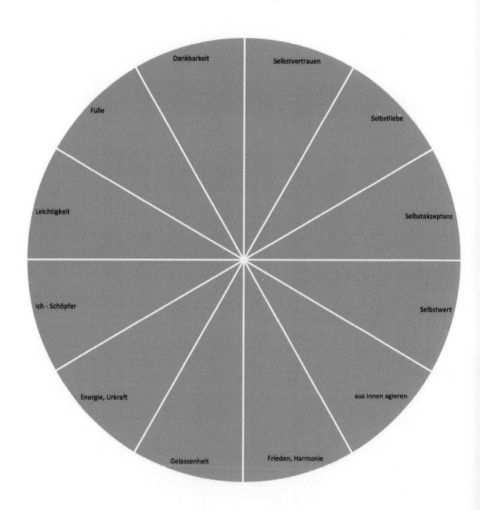

Selbstvertrauen: Vertraust du dir selbst oder bist du ständig unsicher? Oder hast auch Ängste die dich blockieren?

Selbstliebe: Liebst du dich vollkommen so wie du bist? Freust du dich, dich im Spiegel zu sehen? Bist happy mit deinem Körper? Oder bist du ständig im Selbstzweifel, unzufrieden mit dir oder sabotierst dich sogar selbst?

Selbstakzeptanz: Kannst du dich annehmen mit all deinen Stärken und Schwächen? Oder kritisierst du dich selbst immer wieder, willst dich ständig verbessern, weil du denkst du bist nicht gut genug?

Selbstwert: Hast du ein gutes Selbstwertgefühl? Weisst du wie wertvoll du bist? Oder fühlst du dich minderwertig, hast das Gefühl, dass andere mehr wert oder besser sind als du?

Aus Innen agieren: Handelst und entscheidest du aus deinem Herzen heraus? Hörst du auf deine eigenen Bedürfnisse? Oder bist du vor allem vom Aussen gesteuert und kannst beispielsweise schlecht Nein sagen?

Frieden, Harmonie: Ist dein Leben voller Frieden und Harmonie? Oder erlebst du oft Streit und Auseinandersetzungen?

Gelassenheit: Bist du gelassen und kannst Situationen im Alltag neutral betrachten? Oder wirst du immer wieder getriggert und fühlst dich dann verärgert, verletzt oder persönlich angegriffen?

Energie, Urkraft: Bist du in deiner vollen Energie und spürst die Urkraft in dir? Oder fühlst du dich energiereduziert, müde, kraftlos?

Ich-Schöpfer: Bist du dir bewusst, dass du der Schöpfer deines eigenen Glücks bist? Dass du die Verantwortung für dein Leben alleine trägst? Oder siehst du dich oft als Opfer eines Umstandes (Partner, Eltern, Job, Kinder etc.), warum es dir nicht gut geht?

Leichtigkeit: Führst du ein Leben in Leichtigkeit und Freiheit? Kannst du dich frei entfalten? Oder empfindest du dein Leben schwierig, voller Herausforderungen, bist manchmal hilflos und trägst vielen alten Ballast mit dir herum?

Happiness-Rad

Bewegung

Beruf

Ernährung

Finanzen

Zeit f. dich allein

Persönlichkeits-
entwicklung

Beziehung zu Kinder

Lebensstil

Partnerschaft

Gesundheit

Sexualität

Eltern,
Schwiegereltern

FreundInnen

Energiefresser können z.B. sein: die Kinder, der Partner, Eltern, Schwiegereltern, der Job, Krankheit, nicht Nein sagen können, sich über sich selbst aufregen, Aussagen zu persönlich zu nehmen, Enttäuschungen, alte Verletzungen, schlechtes Selbstwertgefühl, wenig Selbstliebe, Selbstkritik, schmerzhafte Erfahrungen in der Vergangenheit usw.

Andere Menschen oder gewisse Umstände kannst du nicht verändern, aber du kannst deine Einstellung dazu verändern. Du kannst lernen, gelassener zu werden oder dich besser abzugrenzen, nötigenfalls sogar Konsequenzen zu ziehen. Auch bei den anderen genannten Punkten liegt die Lösung in dir selbst – vor allem in der Verbesserung deines Selbstwertes und Pflege deiner Selbstliebe. Dazu komme ich aber noch später im Buch.

AUSGLEICH UND AUSZEIT
In Bezug auf das Energie-Tanken habe ich festgestellt, dass es unterschiedliche Ansätze gibt. Ich nenne sie Ausgleich und Auszeit.

Ausgleich bedeutet für mich eine Beschäftigung, die gut tut und Energie gibt. Es sind Dinge, die wir tun, bei denen wir größtenteils abgelenkt sind. Dazu gehören für mich beispielsweise Bewegung und Sport, Spazieren, Lesen, Shoppen, Freunde treffen, Essen gehen, Beauty, Wellness usw. Diese Bereiche sind sicher auch positiv für die Energiebilanz.

Aber ein anderer Teil ist noch viel wichtiger: Die Auszeit. Unter Auszeit verstehe ich Zeit, die wir nur mit uns selbst verbringen, die sogenannte Me-Time. In dieser Zeit fokussieren wir uns nur auf uns und entspannen uns in erster Linie. So können wir in uns hineinhorchen, uns spüren, wie es uns geht und was wir gerade brauchen. Beispielsweise durch ein Entspannungsbad (mit erholsamer Musik und ohne Handy), eine Meditation, ein Sonnenbad, in der Natur stillsitzen, Frequenzmusik hören oder einfach mal einen Tee trinken und innehalten.

Sich diese Auszeit zu nehmen, fällt vielen Frauen sehr schwer, weil sie es schlichtweg nicht gewohnt sind. „Ich kann mich doch jetzt nicht einfach hinsetzen und chillen, ich habe noch so viel Arbeit im Haushalt." Sie sehen eine Auszeit als einen Zeitverlust und haben diesbezüglich oft ein schlechtes Gewissen. Wenn sie sich aber auf den Weg der Persönlichkeitsentwicklung einlassen und die Auszeit praktizieren, stellen sie fest, dass sie mehr Energie und Motivation haben. Dadurch sind sie wieder effizienter und haben vor allem mehr Freude mit ihrer Familie im Alltag. Bedenke bitte, der Haushalt nimmt sowieso nie ein Ende.

An dieser Stelle nochmals die Frage:

Ist es nicht wertvoller, eine glückliche Mutter zu sein und mehr Energie für die Familie zu haben, anstatt einen perfekten Haushalt?

Übung:

Erstelle dir eine Spaß-Liste: Schreibe auf, was alles dir Freude bereitet. Was zaubert dir ein Lächeln ins Gesicht? Was hebt deine Stimmung? Was tut dir gut? Hänge diese Liste an einem sichtbaren Ort auf und versuche mehrmals pro Woche oder sogar täglich einen Punkt aus dieser Liste umzusetzen.

Das können übrigens auch kleine Dinge sein, wie ein Lieblingslied hören oder 5 Minuten an der Sonne sitzen und einfach mal nichts tun.

_____

_____

_____

_____

_____

_____

_____

_____

_____

_____

_____

_____

AUFTANK-INSELN

Ich empfehle den Müttern nachgiebig, sich regelmäßige Auszeiten zu gönnen. Damit sie ihre Batterien aufladen können, am besten 2-3 Mal täglich in kleinen Portionen – auf den sogenannten Auftank-Inseln. Das bringt viel mehr, als 1-2 Mal pro Jahr ein Wellness-Weekend zu machen, voll aufzutanken und kurz darauf wieder leere Batterien zu haben.
Wie sehen solche Inseln aus?

Morgens empfehle ich, bewusst in den Tag zu starten, d.h. einen Moment innezuhalten und dankbar zu sein, gesund aufgewacht wieder einen neuen Tag zu begrüßen. Dazu habe ich eine kurze Meditation aufgenommen: „Start in einen neuen Glückstag!" Ich schenke sie dir gerne zum Ausprobieren. Du findest sie unter:
www.balancierdich.com/tools

Glückstagsmeditation herunterladen

Wende sie bestenfalls einmal eine Woche täglich an, damit du den Unterschied eindeutiger spüren kannst.

Die bewusste Mittagspause ist einer meiner Lieblings-Hacks: sich nach dem Essen (noch bevor die Küche fertig aufgeräumt ist) hinzulegen für 15-20 Minuten. Wenn die Kinder noch Mittagsschlaf machen, geht das gut. Wenn nicht, kann man sie schrittweise an diese Siesta gewöhnen. In dieser Zeit können sie im Zimmer spielen, malen, ein Buch ansehen, Hörbuch hören oder eine kurze Kindersendung schauen.

So können auch die Kinder zur Ruhe kommen (das wird in den Kitas auch so gemacht). In diesen 20 Minuten stellst du dir am besten den Wecker, damit du nicht zu lange schläfst, falls du einnickst.

Ich selbst höre mir in dieser Ruhepause mein Audio mit meinen persönlich gesprochenen Affirmationen oder mein Subliminal an. Du kannst aber auch eine Meditation, Entspannungs- oder Heilfrequenzmusik anhören. Es spielt keine Rolle, ob du einschläfst oder nicht, es geht darum, dich zu entspannen und nichts zu tun. Übrigens, die Affirmationen oder Botschaften des Audios nimmt dein Unterbewusstsein auf, auch wenn du schläfst.

Am Abend empfehle ich meinen Seelen-Klientinnen, je nach Lust und Energie, eines der **Goldwärt-Tools** anzuwenden. Das kann zum Beispiel eine Dankbarkeitsübung sein. Sich ein paar Dinge bewusst zu machen und in ein schönes Büchlein aufzuschreiben: Wofür bin ich heute dankbar? Was bewirkt diese Sache in meinem Leben, wofür ich dankbar bin? – Oder bewusst mit dankbaren Gedanken und Gefühlen einschlafen.

Eine weitere Variante einer Auftank-Insel kann z.B. sein, sich ein entspannendes Bad zu gönnen. Oder mit einer Klopftechnik die Meridiane (=Energiebahnen) wieder freimachen, die Chakras wieder in Einklang bringen oder die Aura und das gesamte Energiefeld zu reinigen. Eine Meditation zum Einschlafen ist sehr hilfreich, um „herunterzufahren" und fördert einen erholsamen Schlaf und leichteres Aufstehen.

Sehr wirksam sind auch diverse Atemtechniken, die sofort helfen, von einem hohen Stress-Level wieder runterzukommen. Dazu habe ich auch ein spezielles Audio erstellt, welches ich „Herzfokussiertes Atmen" nenne. Wenn du die Technik mal gelernt hast, kannst du sie jederzeit auch ohne Audio anwenden, was in akuten Situationen goldwert ist.

Kapitel 4

Einflussfaktoren innerer Balance

Energie-Level

Das Energie-Level mit den Energiefressern und dem richtigen Energie-tanken (Unterschied zwischen Ausgleich und Auszeit) haben wir bereits im vorigen Kapitel behandelt.

Unsere innere Balance und indirekt auch das Energie-Level wird von vielen weiteren Faktoren beeinflusst. Im Laufe der Jahre und meinen Erfahrungen habe ich sie in folgende Bereiche eingeteilt:

Körper

Der Körper ist ein weiterer bestimmender Faktor und dazu gehören Gesundheit, Schlafqualität, Ernährung, körperliche Entgiftung, Bewegung, Sport, Kältebaden, Elektrosmog usw.

SCHLAF

Rund um das Thema Schlaf beobachte ich immer wieder Folgendes: Die Mütter sind zwar abends müde, gehen aber dennoch nicht ins Bett. Weil sie endlich mal ihre Ruhe genießen möchten und in dieser Zeit oft vor dem TV sitzen oder am Handy scrollen. Was ich übrigens sehr gut verstehe. Dennoch darf eine Mama sich hier selbst die Frage stellen: Macht das Sinn? Inwiefern bringt mich das weiter, wenn ich Belangloses konsumiere, anstatt meinem Körper wertvollen Schlaf zu gönnen?

Vielleicht wäre ein Entspannungsbad oder Fußbad, begleitet von einem Hörbuch, auch eine Möglichkeit. Ein paar Seiten in einem Buch lesen oder einen Stift und Zettel nehmen und sich die Gedanken von der Seele schreiben ...

Übrigens wird das Einschlafen zusätzlich erschwert durch lange Bildschirmzeiten, da die Augen mit Blaulicht überflutet werden (allenfalls wenigstens gezielt eine Blaufilter-Einstellung am Bildschirm vornehmen).
Auch Elektrosmog ist ein möglicher Störfaktor für gesunden Schlaf (dazu komme ich später noch). Oder Wasseradern, Gitternetze und Erdstrahlen können ebenfalls für Störungen des Schlafes sorgen. Kinder sind diesbezüglich viel empfindsamer und dadurch betroffener als wir.

Ein weiteres unterschätztes Thema, welches den Schlaf beeinträchtigen kann, möchte ich noch ansprechen. Wenn dein Kind dir sagt, dass es nachts Angst hat, dann nimm es bitte ernst. Kinder spüren nämlich Energien oder Seelen, die wir Erwachsenen durch unsere abgestumpften Sinne gar nicht (mehr) wahrnehmen.

Meine Empfehlung: regelmäßiges Ausräuchern mit Weihrauch oder Salbei. Bei anhaltenden Schwierigkeiten eine Fachperson wie z.B. ein Medium konsultieren. Eine gute Regeneration im Schlaf ist das A und O für Mutter und Kind! Sei deshalb kreativ und suche fortlaufend Lösungen wie beispielsweise ein Familienbett oder ein größeres Kinderbett, wo du dich auch hinlegen kannst.

GESUNDHEIT, ERNÄHRUNG, ENTGIFTUNG
Zum Thema Gesundheit, Ernährung und Entgiftung möchte ich nicht tiefer eingehen, da gibt es genügend gute Bücher. Die Gesundheit ist wohl der wichtigste Faktor für unser Wohlbefinden.

Körperliche Beschwerden – vielleicht sogar tägliche Schmerzen – sind eindeutig eine große Belastung. An dieser Stelle möchte ich dir nur mit auf den Weg geben, die Krankheit nicht als Feind anzusehen. Hör in dich hinein und frage dich, was dir dein Körper eigentlich sagen will. Es ist aus der Komplementärmedizin bekannt, dass Körper-Symptome meistens Zeichen der Seele sind, die uns eine Botschaft vermitteln wollen. Dazu empfehle ich gerne das Buch „Krankheit als Symbol" von Dr. Rüdiger Dahlke. Alternative Heilmethoden können dir helfen, den Beschwerden auf die Spur zu gehen. Eine empfehlenswerte Methode ist beispielsweise der Emotionscode von Bradley Nelson. Es ist sehr wertvoll, diese selbst zu erlernen, um bei sich, den Kindern und anderen emotionale Blockaden zu lösen. Deshalb zeige ich den Müttern gerne, wie sie dieses Tool noch effizienter anwenden können.

Mein Grundsatz-Impuls, den ich dir bezüglich Ernährung mitgeben möchte: Werde bewusster! Was isst du? Woher kommt das Lebensmittel? Wie tut es deinem Körper? Wie wirkt sich dein Ernährungs-Verhalten auf die Umwelt aus? 1-2 Mal im Jahr eine Entgiftungskur zu machen, ist aus meiner Sicht von Vorteil. So kann der Körper mal runterfahren, wortwörtlich „aufräumen" durch die Autophagie (natürlicher Prozess der Zellerneuerung, Zellreinigung und Zellregeneration) und du kannst dein Essverhalten wieder neu definieren. Oftmals stecken wir nämlich in den Gewohnheiten so stark drin, dass es schwerfällt, selbst eine kleine Umstellung in der Ernährung vorzunehmen. Eine Kur empfinde ich persönlich stets als eine Art Reset, aus dem ich danach bewusster Veränderungen im Alltag erzielen kann.

Kurz möchte ich noch das Thema Nahrungsergänzung ansprechen, da ich diesbezüglich oft gefragt werde. Früher hatte ich die Einstellung, dass wir mit der natürlichen Ernährung genügend versorgt sind und wir deshalb keine Nahrungsergänzung brauchen. Heute sehe ich es anders. Zum einen, weil wir in der heutigen Nahrung keinen ausreichenden Gehalt an Vitaminen, Mineralstoffen und Spurenelementen haben. Zum anderen, weil wir heute mehr Stress ausgesetzt sind, physischem wie auch psychischem. Daher benötigen wir mehr Vitalstoffe. Mittlerweile nutze ich fast täglich Nahrungsergänzungen, probiere gerne viele verschiedene aus und setze auch hier auf möglichst natürliche Produkte. Falls es dich interessiert, was ich derzeit zu mir nehme, findest du im Anhang den QR-Code zu meiner persönlichen Empfehlungsliste.

Gerne möchte ich generell noch zur Wahrnehmung und Einstellung des eigenen Körpers eingehen. Gerade wir Frauen sind oft sehr kritisch zu uns selbst und vor allem zu unserem Äußeren. Versuche unbedingt deinen Körper wieder mehr wertzuschätzen und dir bewusst zu machen, was er ständig für dich tut. Dein Herz schlägt, die Lunge transportiert Sauerstoff in dein Blut, der Darm verarbeitet all dein Essen in kleinste Teile und bringt es in die Blutbahnen. Jede einzelne deiner Zellen ist ein kleines Wunderwerk. Mach es dir bewusst und werde dankbar für alles, was gut funktioniert in deinem Körper.

Mit und nach der Schwangerschaft verändert sich der Körper. Das vorherige Gewicht wieder zu erlangen, ist für viele schwierig. Der Bauch ist schlaffer, die Hüften runder, vielleicht hast du Schwangerschaftsstreifen oder eine Narbe vom Kaiserschnitt. Mich hat dieses Thema selbst lange gestresst. Schon vor den Kindern war ich unzufrieden mit meinem Körper (obwohl ich weniger wog). Es verbesserte sich erst, als ich mir sagte: „Ok, es ist jetzt so. Ich bin eine Mutter, habe 2 Kinder auf die Welt gebracht, und es ist ok, dass sich mein Körper dadurch verändert hat." Wäre das ein Satz, den auch du zu dir selbst öfter sagen könntest? Wir müssen nicht perfekt sein! Vergiss nicht, die Medien gaukeln uns mit ihren Filtern und bearbeiteten Fotos ständig etwas vor. Löse dich von diesen Idealbildern und erschaffe DEIN eigenes Bild. Da dies oft schwieriger gesagt ist als getan, gehe ich darauf im Kapitel Selbstwert noch näher ein.

BEWEGUNG UND KÄLTEBADEN

Bewegung war für mich schon immer wichtig. Ich war zwar nie extrem sportlich, aber ich hatte mich schon mehrmals pro Woche bewegt. Mit der Umstellung zum Mutter-Sein hat sich das total verändert; ich bin träger geworden. Zwar versuchte ich weiterhin mindestens 1 Mal pro Woche etwas zu machen, aber es gelang mir nicht immer, und im Grunde ist einmal auch zu wenig ist. Vielleicht erkennst du dich darin wieder.

Stelle dir hierzu die Frage: „Was macht mir Spaß in Bezug auf Bewegung? Vielleicht hast du auf deiner Spaß-Liste schon bestimmte Bewegungsarten aufgeschrieben.

Die körperliche Betätigung führt zur Ausschüttung von Glückshormonen. Durch körperliche Aktivitäten kannst du den Frust des Tages loslassen, du fühlst dich wieder lebendiger und hast mehr Energie für die Herausforderungen im Alltag. Zudem kümmerst du dich um deine Gesundheitsvorsorge, denn je besser du mit deinem Wohnhaus, deinem Körper, umgehst, desto höher ist die Wahrscheinlichkeit, gesund zu bleiben.

November 2022 habe ich das Kältebaden entdeckt und kann es von Herzen empfehlen. Es belebt, schenkt Lebensenergie, hebt die Stimmung (durch die Hormonausschüttung von Adrenalin, Serotonin & Dopamin) und aktiviert das Immunsystem. Du kannst das Kältetraining auch mit kaltem Duschen machen, z.B. direkt im Anschluss nach dem gewohnten Duschen. Oder du suchst dir einen Kälte-Workshop in deiner Region, denn in der Gruppe fällt es einem um einiges leichter über die Hürde zu springen. Außerdem lernst du dabei wichtige Hintergründe und Tipps zur Anwendung. Vor allem aber erlebst du, dass du es schaffen kannst, 2 Minuten lang im Eiswasser zu bleiben. Probiere es einfach mal aus, denn dieses Tool ist so einfach und so effektiv!

Meine Empfehlung für Kälteworkshops in der Schweiz:
www.menschenerfolg.ch

ELEKTROSMOG

Ein wichtiger Faktor, welcher deine Energie-Balance auch beeinflussen kann, ist der Elektrosmog. Hast du dir darüber schon Gedanken gemacht? Ich persönlich viele Jahre nicht, bis ich einmal zu einem Vortrag ging und danach begann selbst im Netz zu recherchieren. Nur weil wir etwas nicht sehen können, heißt es nicht, dass es nicht existiert. Stell dir mal vor, wie viele Daten (unsichtbar) von deinem Mobiltelefon zu meinem herüberflitzen, wenn du mir ein Foto sendest?

Wenn du dein Handy die ganze Nacht auf dem Tisch neben deinem Kopf hast, bist du wortwörtlich ständig auf Empfang. Oder wenn dein kleines Kind mit dem Tablet / Handy spielt, ist sein Körper in engem Kontakt mit diesen Strahlen. 5G wirkt übrigens noch viel heftiger als die bisher gewohnten Strahlen. Ein anderer Störfaktor ist Bluetooth, bei dem die Daten auch drahtlos transportiert werden. Gerade auch Kopfhörer sehe ich hier als große Elektrosmog-Quelle.

Deshalb suchte ich lange nach guten Lösungen und hilfreichen Tipps. So stieß ich beispielsweise auf Schutz-Produkte, die ich an sämtlichen Geräten von mir und meiner Familie angebracht habe. Das ist aber kein Freipass, um trotzdem stundenlang am Bildschirm zu hängen.

Hier noch einige simple andere Tipps, um den Elektrosmog zu reduzieren:

Das Handy nachts immer auf Flugzeugmodus setzen, wenn du es beim Schlafen neben dir hast. WLAN während der Nacht ausstellen. Telefonieren mit Freisprechanlage, das Handy möglichst hinlegen und nur kurz telefonieren. Uhren mit Mobilfunk-Verknüpfung besser meiden. Denn abgesehen von der Strahlenbelastung (du hast dein Handy sozusagen am Handgelenk) wirst du ständig abgelenkt und bist immer auf Abruf. Kindern besser offline Spiele / Videos geben und den WLAN-Empfang ausstellen (ihre Körper sind noch empfindlicher als unsere). Im Netz findest du noch mehr Tipps. Setze dich bitte mit diesem Thema auseinander!

Ich habe dir meine persönlichen Empfehlungen zusammengefasst, natürlich ohne Anspruch auf Vollständigkeit. Du findest den QR-Code im Anhang.

Mindset

Der Verstand und somit unsere Denkweise (Mindset) ist ebenfalls sehr wichtig für unsere innere Balance. Wie wir denken, bewerten und interpretieren, hat einen großen Einfluss auf unsere Gefühle, unser Wohlbefinden und unser Handeln. In der Folge beeinflusst unser Mindset auch unsere Gewohnheiten und so unser ganzes Leben.

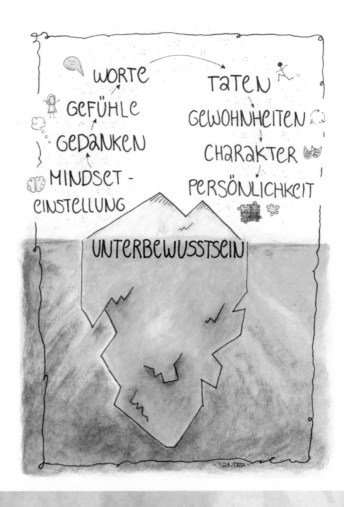

In der Darstellung kannst du sehen, dass deine Einstellung geprägt ist von deinem Unterbewusstsein. Wenn ein Ereignis eintritt, interpretierst du anhand deiner Prägungen, und es kommen automatisch Gedanken hoch. Diese Gedanken erzeugen Gefühle. Aus den Gefühlen heraus reagierst du, sagst etwas, tust etwas. Wenn dies immer wieder passiert, entstehen daraus Gewohnheiten und Muster. Diese formen schlussendlich deinen Charakter und dein aktuelles Leben.

Das Ändern des Mindsets kann man mit Tools im Bewusstsein erreichen, wie beispielsweise das Hinterfragen des aufkommenden Gedankens: Ist dieser Gedanke wirklich wahr?

Die andere Variante, aus meiner Sicht auch die effektivere, ist das Arbeiten im Unterbewusstsein. Mehr dazu im nachfolgenden Kapitel.

HIRNNAHRUNG

Auch unsere Hirnnahrung ist hier entscheidend, also welche Informationen wir tagtäglich konsumieren. Wenn du nur mal deine Handy-Bildschirmzeit analysierst, wirst du erschrecken, wie viel Zeit du aufwendest, um dein Hirn mit unbedeutendem Inhalt zu füttern. Der Mensch ist, was er isst, trifft auch auf diesen Bereich zu.

Des Weiteren wird unsere Denkweise von den Menschen beeinflusst, mit denen wir täglich oder regelmäßig zu tun haben. Sind also viele negativ denkende Personen in unserem Umfeld, beeinflusst uns das ebenso auf eine negative Weise.

Halte einen Moment inne und befasse dich mit nachfolgenden Fragen.

Übung:

Mit welcher Art von Informationen, Einflüssen von außen, Gesprächen bist du täglich konfrontiert? Sind sie für dich positiv oder eher negativ? Wie kannst du diese für dich fördern oder minimieren?

_____

_____

_____

_____

_____

_____

_____

_____

_____

_____

_____

_____

_____

_____

_____

_____

POSITIVES DENKEN

Positives Denken ist in aller Munde. Doch oft ist es leichter gesagt als getan. Wenn eine Situation im Alltag passiert, reagieren wir sehr schnell. Wir bewerten und urteilen. In so einem Moment die oftmals negativen Gedanken in positive umzuwandeln, ist eine Kunst.

Gerne möchte ich dir diesbezüglich auch eine Strategie mitgeben – neben jenen, die ich in Kapitel 5 mit der Arbeit im Unterbewusstsein behandle (diese sind effektiver, weil sich dadurch deine Grundeinstellung in der Tiefe verändert und du weniger getriggert wirst, wodurch viele Problemsituationen gar nicht mehr entstehen).

Zurück zur Strategie, die ich dir an dieser Stelle mitgeben möchte. Wir haben immer die Wahl. Beispielsweise bei unserem Blick auf eine Situation. Nehmen wir an, das Kind leert seinen Becher aus beim Mittagessen. Und zwar so, dass der Becher zu Boden fällt und das Wasser auf den Boden läuft.
Jetzt kannst du denken: „Oh Mann, nicht schon wieder, wie nervig ist das denn? Warum kann das Kind nicht einmal diesen Becher richtig abstellen?"

Was machen diese Gedanken mit dir? Sie lösen negative Gefühle aus wie Frust, Wut oder gar Verzweiflung. Ändert diese Denkweise etwas an der Situation? Nein.

Was könntest du anstelle dessen denken?

Beispielsweise: „Ok, immerhin ist es nur Wasser, das ist schnell weggewischt und klebt nicht auf dem Boden. Glücklicherweise war es ein Plastikbecher und ich muss keine Scherben zusammenkehren. Ja, der Kleine ist noch am Lernen und hat die Motorik noch nicht ganz im Griff. Er lernt aber jeden Tag dazu."

Was machen diese Gedanken mit dir? Spürst du den Unterschied?

Ein anderes Beispiel, das vielen geläufig ist: Wir denken, oder besser gesagt interpretieren, was andere von uns denken. Dabei kann unser Gedankenkarussell ganz schön verrückt spielen. Jemand schreibt dir nicht direkt zurück auf deine SMS und schon fängt dein Kopf an: „Sie ist jetzt sicher beleidigt oder enttäuscht." „Warum antwortet sie nicht? Will sie sich nicht mit mir verabreden?" Solche Interpretationen entsprechen meistens gar nicht der Realität. In diesem Fall ist es wohl wahrscheinlicher, dass im hektischen Alltag schlichtweg vergessen wurde zu antworten. Ohne bösen Hintergedanken. Stell dir mal vor, wie viel Energie dich das kostet; all diese Male, in denen dein Kopf so viel Negatives denkt und dadurch negative Gefühle auslöst.

Was kannst du dagegen tun?

Du kannst in solchen Situationen folgende Schritte anwenden (angelehnt an Byron Katie, in meine Variante abgeändert):

1. Ist dieser Gedanke wahr?
2. Stimmt er zu 100%?
3. Was löst dieser Gedanke in mir aus? Wie fühle ich mich dabei?
4. Welchen anderen Gedanken möchte ich wählen, der für mich besser ist?
5. Wie kann ich das nächste Mal anders denken und handeln?

Versuche wirklich diese Strategie umzusetzen. Sie wird dir enorm helfen, gelassener zu sein und Energie zu sparen.

FINGER-TEST
Gerne stelle ich dir einen einfachen Test vor, damit du spürst, wie Gedanken sich auf deinen Körper auswirken.

Schlage zur Vorbereitung ein paar Mal in deine Hände; mit der Faust in die Innenfläche der anderen Hand. Nun reibe Zeigefinger und Daumen fein aufeinander. Spüre, wie es sich anfühlt.

Sage nun laut: „Liebe, Freude, Glückseligkeit." Spüre wieder, wie es sich anfühlt.

Nun sage laut: „Hass, Krieg, Streit." Spüre, wie es sich jetzt anfühlt.
Hast du einen Unterschied bemerkt?

Meistens fühlt es sich bei Liebe fein und geschmeidig an. Bei Hass hingegen eher klebrig und mit Widerstand. Ist es nicht erstaunlich, wie sich die Gedanken auf unser elektromagnetisches Feld und unseren Körper auswirken?

NEUE GEHIRNBAHNEN

Zu Schritt 5 – „Wie kann ich das nächste Mal anders denken und handeln?" – möchte ich betonen, wie wichtig dieser ist. Auch gerade in Bezug auf Fehler, die passieren, oder Situationen, die aus dem Ruder geraten.

Die richtigen Fragen zu stellen, gehen mit einer intensiven Reflexion einher: Wie kann es ein anderes Mal besser ablaufen? Wie möchte ich denken, fühlen und handeln? Welche Lösungsansätze gibt es?

Ich erkläre es meinen Goldwärt-Kundinnen folgendermaßen:

Stell dir vor, du stehst auf einer Wiese. Nun hast du dir überlegt, wie du nächstes Mal handeln möchtest. Mit diesen neuen, lösungsorientierten Gedanken bahnst du dir einen Weg durch diese Wiese. Man sieht den Weg danach kaum. Wenn du ihn aber ein zweites, drittes, viertes Mal gehst, wird der Weg langsam erkennbar. Und genauso verhält es sich mit unserem Gehirn. Wir müssen Gedankengänge mehrmals wiederholen, bis sich die Verbindungen im Gehirn festigen. Erst so werden sie zu unserem neuen „Normal", und es kann sich eine neue Denkweise durchsetzen.

Persönlichkeitsentwicklung

Befassen wir uns mit uns selbst, arbeiten wir an unserer Persönlichkeitsentwicklung, so lernen wir uns selbst besser kennen. Wir verstehen uns dadurch und erkennen, weshalb wir so sind oder fühlen. Nicht nur uns selbst, sondern auch unsere Partner, Kinder, Eltern oder andere Personen.

4 MENSCHENTYPEN

Lass uns die 4 verschiedenen Grundtypen der Persönlichkeit anschauen: blau, grün, gelb und rot – bekannt aus dem DISG-Modell.

Der blaue Typ ist sehr gewissenhaft, präzise und analytisch.

Der grüne Typ ist sehr stetig, hilfsbereit, mitfühlend und anpassungsfähig.

Der gelbe Typ ist sehr initiativ, umgänglich, offen und kontaktfreudig.

Der rote Typ ist sehr dominant, zielfokussiert und fordernd.

Wir sind meistens eine Mischung aus mehreren Typen (dazu gibt es auch verschiedene Persönlichkeitstests im Netz). Interessant ist, dass der gelbe und blaue Typ sehr gegensätzlich sind, wie auch der rote und grüne. Deshalb ist in diesen Konstellationen das Trigger-Potenzial am größten.

Mir persönlich hat es sehr geholfen, diese Menschentypen kennenzulernen. Als ich beispielsweise vor vielen Jahren realisierte, dass ich einen hohen Gelb-Anteil habe und mein damaliger Mann mir sagte, „Dir ist alles egal!", verstand ich nicht, was sein Problem war. In meinen Augen war ich flexibel, in seinen Augen war ich gleichgültig. Mich hingegen nervte oder langweilte es, wenn er gerne über Dinge ausführlich lange nachdenken und reden wollte. Ich verstand damals überhaupt nicht, wie man jetzt in solche Gedankengänge so viel Energie investieren wollte. Später, als wir diese Erkenntnis mit den Menschen-Typen hatten, konnten wir viel besser und toleranter mit der Andersartigkeit des Gegenübers umgehen und es mit mehr Humor nehmen.

Zur Ergänzung: Es gibt auch noch andere Persönlichkeits-Tests, die du beim Recherchieren im Netz finden wirst.

5 LIEBES-SPRACHEN
Eine weitere spannende Erkenntnis hatte ich aus dem Buch „Die 5 Sprachen der Liebe" von Gary Chapman. Er erklärt, dass wir Liebe auf unterschiedliche Art und Weise spüren und geben (auch hierzu gibt es Tests im Internet).
Dabei unterscheidet er folgende 5 Typen:

- **Lob und Anerkennung** – Als Frau ist es dir z.B. wichtig, dass dein Mann dich immer wieder bestätigt, dass du deine Sache gut machst.
- **Zweisamkeit** – Als Frau möchtest du gesehen werden, seine ungestörte Aufmerksamkeit bekommen.
- **Hilfsbereitschaft** – Es ist dir wichtig, dass dein Mann dich unterstützt oder zumindest seine Hilfe anbietet.
- **Geschenke** – Du liebst die kleinen Aufmerksamkeiten, sei es einen kleinen Zettel mit lieben Worten oder Mitbringsel und du legst eher Wert auf Geschenke.
- **Zärtlichkeit** – Du magst es, wenn ihr z.B. Händchen haltet, auf dem Sofa Körperkontakt habt oder kuschelt. Sex kann auch dazu zählen, allerdings nicht in erster Linie.

Übung:

Beschäftige dich mit den Persönlichkeits- und Liebestypen, mache einen Test im Internet, am besten auch mit deinem Partner. Notiere dir hier die Ergebnisse und besprich sie auch mit deinem Partner.

HOCHSENSIBILITÄT

Wusstest du, dass ca. 15% der Menschen hochsensibel, auch neurosensitiv genannt, sind?

Ich erlebe es oft in meiner Praxis, dass Mütter, ihre Kinder oder beide hochsensibel sind. Bisher hatten sie jedoch keine Ahnung über dieses Phänomen. Sobald sie sich aber mit dem Thema befassten, war es eine Erleichterung – weg von dem Gefühl: „Mit mir stimmt etwas nicht!"

Hochsensible Menschen nehmen schlichtweg mehr wahr als andere; sie haben feinere Antennen. Deshalb mögen sie es meistens nicht, unter größeren Menschenmengen zu sein oder zu vielen Aktivitäten nachzugehen. Denn sie haben viel mehr Informationen zu verarbeiten. Meistens sind sie auch viel empathischer und bewusster als der Durchschnitt. Das sind die positiven Seiten der Hochsensibilität.

Die Nachteile sind, dass Hochsensible eher überreizt sind und schneller gestresst werden. Äußerliche Faktoren wie schlechte Laune oder Probleme von anderen, aber auch Elektrosmog wirken sich bei ihnen belastender aus. Für sie ist es deshalb noch elementarer, regelmäßig zur Ruhe zu kommen und sich zurückzuziehen. Die Natur stellt eine besonders wichtige Auftankstelle dar. Hilfreich ist hier auch, gut zu überlegen und zu planen, damit nicht zu viel los ist im Alltag und genügend Erholungspausen eingehalten werden können.

Ob du selbst hochsensibel bist, kannst du online mit einem Test herausfinden. Es gibt dazu viele gute Bücher oder Anlaufstellen im Internet.

HUMAN DESIGN UND ASTROLOGIE

In diesem Kapitel möchte ich nur kurz anschneiden, dass wir viele wertvolle Erkenntnisse aus dem Human Design und der Astrologie gewinnen können. Dabei halte ich es für wichtig, die ganze Familie analysieren zu lassen. In einem ersten Schritt kannst du auch etwas weniger aufwändige Analysen machen lassen oder sie sogar selbst im Netz durchführen.

Mir persönlich hat es immens geholfen zu erfahren und zu verstehen, dass mein jüngerer Sohn Manifestor ist. Das erklärt, weshalb er manchmal so ein starkes Durchsetzungsvermögen hat, was mich sehr oft an meine Grenzen gebracht hatte. Durch das Wissen seines Human Design Typs konnte ich fortan toleranter mit ihm umgehen. Seither überlege ich mir (ich selbst bin Projektor 1/3) ganz genau, in welcher Situation ich Energie investiere, um die Grenze zu halten, und wann ich eine Kompromisslösung finden kann.

VERSCHIEDENE WAHRHEITEN

Damals in einer therapeutischen Sitzung, zu der ich meinen damaligen Mann überredete mitzukommen, passierte Folgendes:

Ich erzählte von unserer Problemsituation und erhoffte, dass die Therapeutin meinem Mann endlich sagt: „Deine Ängste und Sorgen sind übertrieben." Stattdessen sagte sie: „Ihr habt beide Recht." Ich saß fassungslos da und verstand die Welt nicht mehr. Es war doch so offensichtlich, dass ich Recht hatte.

Erst viele Jahre später habe ich begriffen, was sie sagen wollte. Wir schauen immer mit unseren eigenen Prägungen und unserer eigenen Sichtweise auf eine bestimmte Sache. Man könnte auch sagen: Mit der eigenen Brille schauen wir auf die Geschehnisse. Jeder empfindet also seine eigene Wahrheit, aus seiner Brillen-Ansicht.

Diese Erkenntnis hat mir sehr geholfen. Auch heute noch, wenn jemand ganz anderer Meinung ist, mir das immer wieder bewusst zu machen, dass jeder seine eigene Wahrheit haben darf.

Dadurch kann ich vielen Diskussionen aus dem Weg gehen, wer denn jetzt Recht hat, und das spart soooo viel Energie.

Diese Ilustration veranschaulicht, wie du sinnbildlich auf deinem Eisberg (geprägt vom Unterbewusstsein) stehst und auf den Fluss des Lebens blickst. Dort passieren Ereignisse, welche du anhand deines Blickwinkels und deiner Ego-Brille bewertest. Oftmals erwarten wir auch zu viel vom Außen und werden dann enttäuscht, was das Ende der Täuschung bedeutet.

Selbstwert

Viele Jahre war es mir selbst nicht bewusst, dass mein Selbstwert nicht gut war. Nach außen erschien ich selbstsicher, brachte immer gute Leistungen und konnte auch gut vor Menschen sprechen. Aber im Inneren war ich oftmals unsicher, ich zweifelte und hatte zu hohe Ansprüche an mich selbst.
Im Laufe der Jahre stellte ich fest, dass sehr viele Menschen und insbesondere Frauen ebenfalls einen schlechten Selbstwert haben.

Auf dieses Thema gehe ich im späteren Kapitel tiefer ein, da es sehr zentral ist für eine ausgeglichene Energie-Balance. Dort findest du einen Selbstwert-Test, um herauszufinden, wie es um deinen eigenen Selbstwert steht.

Beziehungen

Beziehungen, die wir mit Menschen haben, können ebenfalls unsere innere Balance stark beeinflussen. Es gibt Personen, die eher an unserer Energie zehren. Ich nenne sie Energie-Fresser. Nach einem Treffen mit ihnen kommst du meistens voll beladen mit ihren Sorgen nach Hause. In den Gesprächen geht es meistens nur um sie und ihre Probleme oder sie waschen gerne dreckige Wäsche und lästern über andere. So gut wie nie fragen sie ernsthaft und aufrichtig: „Wie geht es dir?" Sie haben kaum ein echtes Interesse daran, wie es dir WIRKLICH geht.

Hingegen gibt es Menschen, die sich gegenteilig verhalten und dich beschwingen. Du fühlst dich nach einem Treffen mit ihnen mindestens gleich gut wie vorher oder sogar energievoller. Ihr habt euch über spannende Themen ausgetauscht und euch gegenseitig im wahrsten Sinne des Wortes beREICHert! Du hast die Zeit genossen und freust dich, so einen Menschen in deinem Umfeld zu haben.

Früher hatte ich viele Energiefresser in meinem Umfeld. Nicht alle waren gleichermaßen energie-zehrend, aber mit den meisten hatte ich keine tiefgründigen Gespräche. Mit meiner eigenen persönlichen Weiterentwicklung hat es sich automatisch so ergeben, dass sich nach und nach viele dieser Kontakte auseinanderlebten. Erst dachte ich: „Oh, nein!" Denn es fühlte sich an wie eine Art Versagen in der Freundschaft.

Heute aber sehe ich das Leben wie eine Zugfahrt. Manchmal steigt jemand ein, setzt sich neben uns und wir fahren ein Stück zusammen. Irgendwann steigt die Person wieder aus. Deshalb müssen wir nicht traurig sein, wenn Reisende weiterziehen. Es ist völlig ok, jeder geht seinen eigenen Weg. Und irgendwann steigt wieder eine neue Seele ein und begleitet uns eine Zeit lang.

Von der Vorstellung, dass Beziehungen für immer und ewig halten müssten – sei es in der Partnerschaft, in Freundschaften oder sogar in der Verwandtschaft – dürfen wir uns lösen. Wir „gehören" niemandem und umgekehrt „gehört" uns niemand. Wir alle sind freie und eigenverantwortliche Wesen, die bestimmte Erfahrungen im Leben machen wollen.

Diese Art der Abhängigkeit erlebte ich in meiner Ehe, vor unserer ersten Trennung. Ich hing so sehr an unserer Beziehung und an dem herkömmlichen Konzept des Familienbildes. Im Grunde suchte ich jedoch immer Liebe und Aufmerksamkeit im Außen. Ich wünschte mir, dass mich jemand liebt und glücklich macht. Dass ich seit meinem 17. Lebensjahr immer in einer Beziehung war, unterstrich diese Vorstellung.

Damals, als die Krise in unserer Ehe begann, konsumierte ich viele Vorträge und Videos von Robert Betz. Ein gutes Sinnbild, das er anführte, verdeutlicht die Situation, die ich beschrieb: Wir verhalten uns in Partnerschaften wie 2 Bettler. Beide meinen, dass der andere etwas in seinem Hosensack hat, aber in Wirklichkeit haben beide nichts. Beide erwarten von dem anderen, dass er die Lücke an Liebe & Aufmerksamkeit seines Gegenübers füllt.

Wenn du dich selbst nicht oder zu wenig liebst und akzeptierst, so wie du bist, wie kannst du dann erwarten, dass dein Gegenüber es tut? Es ist so unverhandelbar wichtig, dies zu erkennen, um Schritt für Schritt zu mehr Selbstakzeptanz und Selbstliebe zu kommen. Dadurch wachsen auch das Selbstvertrauen und die Selbstsicherheit. Ein gutes Selbstwertgefühl stellt dabei aus meiner Sicht die Basis für alle unsere Beziehungen dar.

Neben der Partnerschaft pflegen wir eine ebenso wichtige und intensive Beziehung zu unseren Kindern. Je nachdem, wie harmonisch diese sind oder wie sehr uns die jeweiligen Situationen triggern, fühlen wir uns nicht immer gleich verbunden. Entsprechend spüren wir die Liebe des anderen nicht immer auf dieselbe Art und Weise. Ich erinnere mich noch, dass mich in der Trennungsphase mein älterer Sohn (damals war er 6) immer wieder triggerte. Das stresste mich regelrecht und es brauchte eine Zeit, bis mir bewusst wurde warum: Er hatte die gleichen Verhaltensweisen wie mein Mann und das drückte natürlich meine Knöpfe.

Oftmals sind Kinder unsere Spiegel, sie machen uns unbewusst auf ein Thema aufmerksam. Das, was uns an anderen aufregt, bedeutet, dass wir damit in Resonanz treten. Ansonsten würde es uns nicht tangieren und triggern, und wir würden neutral reagieren.

Dasselbe gilt bei unseren Beziehungen zu unseren Eltern oder Schwiegereltern. Hier kommt auch noch hinzu, dass diese oft versuchen uns zu helfen oder gar zu viel in unseren „Garten" hineinkommen. Sie überschreiten Grenzen. Unbewusst und nicht böswillig. In gewisser Weise sind wir für sie immer noch „Kind", und so passiert es wie automatisch. Es ist sehr wichtig, sich auch diesen Strukturen bewusst zu werden und dann für sich einzustehen.

Übung:

Für diese großartige Übung im Sinne der Beziehungsqualität: Schließe deine Augen, komm in deine innere Ruhe und stell dir vor, du wärst ein Haus. Ein Haus mit einem wunderschönen Garten. Jetzt ist aber das Problem, dass jeder einfach in deinen Garten hinein trampelt. Weil du keinen Zaun hast. Also entschließt du dich, einen Zaun zu erstellen. Stell dir vor, wie du diesen Zaun baust, rundherum. Jetzt bist du geschützt. Bleibe ein paar Minuten in diesem Bewusstsein. Du kannst dir dabei auch vorstellen, wie du gewisse Menschen zurückschiebst, quasi wieder aus deinem Garten entfernst. Atme gezielt aus, während du die Energie zurückschiebst. Dann spüre deinen neu gewonnenen Freiraum.

Stelle dir in Alltagssituationen immer wieder vor, dass du deinen Zaun um dein Haus und deinen Garten hast. Nimm wahr, wenn jemand grenzüberschreitend ist und verweise ihn freundlich nach draußen. Du wirst sehen, diese Übung wird deine innere Haltung verändern.

Die Probleme und Schwierigkeiten, die in den Herkunfts- oder Schwiegerfamilien auftreten können, sind sehr vielfältig. Ich empfehle dir: Reflektiere dich! Analysiere, welche Themen tief liegen, tief unter dem „Eisberg" stecken. Nimm auch gerne Hilfe in Anspruch. Versuche zu vergeben, innerlich. Vergebungen gegenüber anderen sind vor allem für dich selbst wichtig, dadurch wird so viel Energie freigesetzt. Dieser Prozess ist sehr heilsam. Dabei können dich Therapeuten, die energetisch auf seelischer Ebene arbeiten, wunderbar unterstützen.

Eine wunderschöne und hörenswerte Geschichte, die ich dir an dieser Stelle ans Herz legen möchte, ist: „Die kleine Seele spricht mit Gott" von Neale Donald Walsch (du findest sie auf YouTube). Dieses Audio hat ebenfalls einen großen Shift in meinem Leben bewirkt, und ich erinnere mich immer wieder gerne daran. Die Quintessenz aus dieser Geschichte ist, dass wir Seelen sind, die sich dieses Leben und die damit verbundenen Herausforderungen ausgesucht haben. Damit wir daran wachsen und uns weiterentwickeln.

Übung:

Wenn jemand dich mal wieder aufregt, nimm dir Zeit und komme mal zur Ruhe. Reflektiere für dich: Was genau regt mich auf? Welche Gedanken kommen hoch? Wie fühle ich mich dadurch? Interpretiere ich da zu viel in etwas rein? Wann habe ich mich früher schon so gefühlt? Warum stresst es mich? Warum noch? – Grabe immer tiefer und tiefer ... Schreib es dir am besten von der Seele, und Erkenntnisse werden ans Licht kommen.

Beruf/Finanzen

Bevor wir zur beruflichen Tätigkeit kommen, möchte ich gerne auf unseren Mama-Job eingehen. Ist dir eigentlich bewusst, dass wir als Mutter so viele Aufgaben und Rollen gleichzeitig übernehmen?

Wir sind Babysitter, Kindererzieherin, Lehrerin, Krankenschwester, Köchin, Haushälterin, Managerin, Logistikerin, Seelsorger, Buchhalterin usw. So viele Bereiche decken wir durch unser Tun täglich ab. Und wir sollten uns auch diesbezüglich bewusst sein und mit Stolz sagen: „Ich habe einen Mama-Job, und es ist ein unvergleichbar wichtiger und wertvoller Job." Anstatt zu sagen: „Ich bin ‚nur' zu Hause mit den Kindern."

Wenn wir Mütter noch nebenher arbeiten, ist es leider oft der Fall, dass uns die berufliche Arbeit nicht immer nur Freude macht. Dennoch sind die meisten froh für die Abwechslung und den finanziellen Zustupf. Wir dürfen es jedoch nicht unterschätzen: Der Mama-Job selbst ist ja schon mehr als ein normaler 100%-Job. Wenn wir einen genaueren Blick darauf werfen, stellen wir fest, dass wir ca. 14 Stunden pro Tag von Montag bis Sonntag arbeiten. Lassen wir die Nächte kulanterweise mal weg, dann sind wir schon bei 230 Stellenprozent! Deshalb rate ich meinen Kundinnen immer, eine Putzfrau zu Hause zu engagieren, wenn sie mehr als 20% berufstätig sind. Denn als Mutter nach einer vielleicht nicht so erholsamen Nacht trotzdem die volle Leistung am Arbeitsplatz zu erbringen, ist eine echte Herausforderung. Wir können zwar lange sehr viel aushalten, aber am Ende stellt sich die Frage: zu welchem Preis?

Sei also auch hier mit dir selbst ehrlich: Möchtest du berufstätig sein? Wenn ja, wie viel? Macht dir der Job auch Freude? Wie kannst du dir Hilfe im Haushalt und in der Kinderbetreuung organisieren? Du musst keine Superheldin sein, die perfekt aussieht und an allen Orten alles selbst und richtig macht. Nimm dir selbst den Druck raus und hör auf deine innere Stimme.

Kommen wir zum Thema Geld, das ist ja auch ein spannendes Feld. Ich habe in meinem Entwicklungsprozess festgestellt, dass ich eine innere Ablehnung gegenüber Geld hatte. Das hatte mit meinen eigenen Prägungen und vielen Glaubenssätzen zu tun, die in unserer Gesellschaft gelten: Geld macht nicht glücklich. Geld ist schmutzig. Reiche Leute sind arrogant. Man kann nicht alles haben. Und so weiter.

Geld ist doch einfach nur Geld, nicht mehr und nicht weniger. Geld ist eine Energieform. Mit Geld schaffen wir einen Ausgleich. Früher tauschten wir Waren. Dann kam das Geld als Tauschmittel, um das Ganze zu vereinfachen. An diesem Thema zeigen sich tiefsitzende emotionale Blockaden, die im Unterbewusstsein gespeichert sind, wie beispielsweise Mangel oder Existenzängste. Wenn dein Inneres ständig in der Frequenz von Mangel schwingt und du tief in dir die Einstellung gespeichert hast, „Ich habe nicht genug Geld", – dann wird es dir im Außen immer wieder entsprechend und bestätigend gespiegelt.

Übung:

Mache dir bewusst: Wie denkst du über Geld? Was empfindest du in Bezug auf Geld? Gehe hier wirklich tiefer.

Falls du schwerwiegende Themen aus der Vergangenheit hast (insbesondere Mangel und Existenzängste), dann löse diese mit einer Fachperson.

Hier eine weitere sehr wirksame Übung zum Geld-Thema:
Entwickle Dankbarkeit. Jedes Mal, wenn du an der Kasse bist und bezahlst, bedanke dich innerlich. Freue dich darüber, dass du bezahlen darfst. Stelle es dir vor, du gibst das Geld in einen Kreislauf hinein und es fließt wieder zu dir zurück. Mache dir bewusst, was du alles mit deinem Einkauf unterstützt: den Lohn der Frau an der Kasse, der Putzfrau, der Person, welche die Bestellung machte, des Chefs, der Familie, die den Kaffee anbaute, den Lohn der Menschen, die im Bereich Transport und Verpackung arbeiten usw. Es ist gewaltig, wenn du dir vorstellst, dass alle diese Menschen von deinem Einkauf etwas haben, womit sie sich ihr Leben finanzieren können.

_____

_____

_____

_____

_____

_____

_____

_____

_____

_____

_____

_____

_____

_____

Formuliere nicht mehr, dass du Geld ausgibst, sondern dass du es weitergibst, und zwar in den Kreislauf. Und fühle dabei bewusst die Dankbarkeit. Übrigens kannst du dies auch beim Bezahlen online praktizieren, indem du DANKE auf deine Rechnung / Überweisung schreibst, wenn du die Zahlung machst.

Wenn wir hier schon beim Thema Geld sind, möchte ich gerne auch erwähnen, wie ich meine Einstellung in Bezug auf das Investieren in mich selbst veränderte. Früher, als ich noch keine Mutter war, ging ich reisen oder investierte mein Geld in Sportausrüstung, Hobbys und Konsumgüter. Danach fokussierte ich mich auf die berufliche Neuorientierung, was auch Geld kostete. Erst als ich begann, in meine persönliche Weiterentwicklung zu investieren, wurde mir klar: Die Investition in mich selbst ist immer die beste, die ich jemals tun kann.

Diese Erkenntnis gilt auch für dich; weil du dadurch mental, emotional aber auch körperlich gesünder sein kannst oder bleibst. Und ist es am Ende nicht wichtiger und viel wertvoller, erfüllende und friedliche Beziehungen in der Familie zu haben, anstatt eine tolle Wohnung oder ein großes Haus oder teure Ferien?

Bewusstsein

BEWUSST SEIN

Für mich persönlich bedeutet Bewusstsein: Bewusst SEIN.

Bewusst zu sein ist so ziemlich das Gegenteil von dem (wage ich zu behaupten), was der große Teil der Menschen ist; diese sind nämlich vom Alltagsstress eingenommen und spulen wie eine Figur ihre Rolle ab.

Bewusst genießen, bewusst eine Pause einlegen, bewusst essen, bewusst mit dem Körper umgehen, bewusst sich ausdrücken, bewusst reflektieren, sich bewusst entscheiden, bewusst lieben, bewusst dankbar sein. Bewusst zu sein bedeutet, achtsam zu sein. Im gegenwärtigen Moment sein, mit allen Sinnen wahrnehmen, sich (beob-)achten. In allem; wie wir uns verhalten, was wir reden, denken und fühlen. Sich dessen bewusst werden, was auf den verschiedenen Ebenen unseres SEINS passiert.

4 EBENEN DES SEINS

An dieser Stelle bedanke ich mich von ganzem Herzen bei Sandra Imhof für ihre Illustrationen. Hier veranschaulicht sie die 4 verschiedenen Ebenen des SEINS:

- Sandra -

Wir haben einen physischen Teil, unseren Körper.

Der mentale Bereich ist unser Verstand.

Die emotionale Ebene bezeichne ich hier als die Seele.

Und den spirituellen Teil als unser höheres Bewusstsein, unser Higher Self, wie es oft genannt wird.

Die Unterscheidung dieser verschiedenen Aspekte hilft dir, mehr bewusst und gewahr zu sein, welcher Teil von dir aktiv ist. So kannst du besser mit dir umgehen und dich als Schöpferin deines Lebens mehr in die gewünschte Richtung lenken.

SELBSTBEOBACHTUNG

Im Alltag sich immer wieder in die Adlerperspektive zu versetzen und sich selbst zu beobachten, ist hilfreich wie wirkungsmächtig:

- Was denkt mein Gehirn?
- Was fühlt mein Herz?
- Wie geht es meinem Körper?
- Was sagt mir meine Intuition, mein Bauchgefühl?

Wenn du sagst: „Ich bin traurig", dann bist du dieses Gefühl. Wenn du stattdessen sagst: „Ich habe momentan ein trauriges Gefühl", dann hast du dieses Gefühl, du bist es aber nicht. Du identifizierst dich nicht damit. So gewinnst du eine Art Distanz zu dem Gefühlten. Daraus schöpfst du eine Kraft, deinen Zustand zu ändern.

Meistens steigen wir nämlich in das emotionale Drama hinein, versinken darin regelrecht und sind hilflos. Wir sind drin, wir sind das Gefühl.
Wenn wir aber beobachten und sagen: „Ich habe diese Gefühle momentan", dann haben wir sie. Indem wir uns nicht mit unseren Gefühlen identifizieren, haben wir mehr Einfluss darauf, wie wir mit ihnen und den Situationen umgehen wollen.

Selbiges gilt für den Umgang mit Gedanken. Du denkst beispielsweise: „Ich habe schon wieder mein Kind angeschrien, ich schaffe es einfach nicht und bin eine Versagerin." Wenn du dich mit deinen Gedanken identifizierst, dann bist du eine Versagerin. Jedoch wenn du durch die Beobachter-Perspektive blickst, dann erkennst du, dass es nur ein Gedanke ist, der vorbeiflitzt: „Ach, mein Kopf sagt mir gerade, ich sei eine Versagerin."

Übrigens nenne ich meinen Kopf, oder meine innere Kritikerin, „Krisilsi". So fällt es mir leichter, mit ihr umzugehen, sie neutraler wahrzunehmen als einen Teil von mir. Mein Krisilsi erzählt mir wieder mal, dass ich dieses oder jenes doch jetzt nicht tun kann. Ich sage zu ihr in so einem Moment: „Ja, ist gut, ich habe dich gehört. Aber ich treffe meine eigene Wahl und habe alles unter Kontrolle. Setz dich einfach hin und chille ein bisschen, alles ist gut."

Oder stell es dir sinnbildlich so vor: Dein Leben ist ein Boot. Dein Krisilsi, deine Gefühle oder dein Körper übernehmen immer wieder das Steuer und wollen in eine andere Richtung lenken. Bist du nicht in der Beobachter-Rolle, bemerkst du dies lange gar nicht. Erst als du vom Kurs abgewichen bist, erkennst du, dass etwas nicht stimmt. Versuch also, dich tagsüber stets immer wieder zu beobachten und übernimm ganz bewusst das Steuer deines Lebensbootes.

DANKBARKEIT

Dankbar zu sein gehört für mich auch zu einem sehr wichtigen Tool. Es hilft uns in dreierlei Hinsicht:

- achtsamer und bewusster zu werden
- den Fokus auf das Positive zu lenken
- in eine höhere Frequenz zu kommen

Was bedeutet es, in eine höhere Frequenz zu kommen?
Unsere unterschiedlichen Emotionen schwingen jeweils in einer bestimmten Frequenz, die man messen kann.

Skala der Emotionen
mit unterschiedlichen Energien

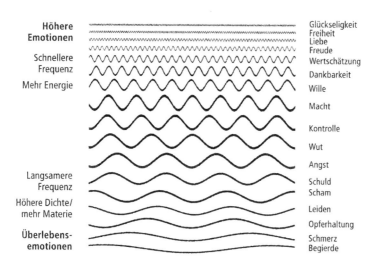

Höhere Emotionen	Glückseligkeit
	Freiheit
	Liebe
	Freude
Schnellere Frequenz	Wertschätzung
	Dankbarkeit
Mehr Energie	Wille
	Macht
	Kontrolle
	Wut
	Angst
Langsamere Frequenz	Schuld
	Scham
Höhere Dichte/ mehr Materie	Leiden
	Opferhaltung
Überlebens-emotionen	Schmerz
	Begierde

Bild-Quelle: Buch „Werde übernatürlich" von Dr. Joe Dispenza

Dr. Joe Dispenza, ein Wissenschaftler und Experte auf diesem Gebiet, hat die unterschiedlichen Emotionen und ihre Frequenzen sehr gut dargestellt. Wie du siehst, schwingen Schmerz, Schuld, Scham, Angst und Wut sehr niedrig. Liebe, Freude und Dankbarkeit hingegen haben eine andere Frequenz; sie schwingen höher.

Nun können wir die Dankbarkeitsübung nutzen, um uns bewusst auf etwas Positives zu fokussieren (den Verstand lenken). Aber auch unsere Emotionen, wenn wir die Dankbarkeit gleichzeitig fühlen (die emotionale Ebene lenken). Je öfter und länger wir in höheren Frequenzen schwingen, desto mehr ziehen wir auch das Positive in unser Leben. Das ist eines der universellen Gesetze, nämlich das „Gesetz der Anziehung" oder auch Resonanzgesetz genannt.

Es ist unschätzbar wichtig, dass wir negative Gefühle annehmen, akzeptieren, ihnen auf den Grund gehen. Aber im nächsten Schritt auch loslassen und uns wieder in die positive Richtung hinbegeben, damit unsere Frequenz sich wieder verändert. Die Dankbarkeitsübung, das herzfokussierte Atmen, Klopfübungen und Ähnliches kann dich auf eine einfache Art und Weise dabei unterstützen.

Übung:

Schreibe dir täglich jeden Abend ein paar „Dinge" auf, für die du dankbar bist. Sag innerlich DANKE und versuche dabei deine Dankbarkeit zu fühlen. Im weiteren Schritt kannst du sie noch weiter vertiefen, indem du zusätzlich beschreibst, was sich dadurch noch mehr Positives ergibt in deinem Leben.

Beispiel: Statt nur zu sagen: „Ich bin dankbar, dass ich gesund bin", sagst du: „Ich bin dankbar, dass ich gesund bin. Denn dadurch kann ich jeden Morgen selbstständig aufstehen, habe keine Schmerzen, kann Sport machen, kann Tanzen, kann essen, was ich will, kann spazieren in der Natur ..." So entstehen aus einem einzigen Punkt ganz viele weitere Aspekte, wie wenn aus einer Blume ganz viele Knospen mit weiteren Blüten wachsen.

Probiere es aus und mache diese Übung mindestens einen Monat lang. Du wirst sehen und realisieren, wie du plötzlich auch tagsüber immer wieder solche Glücksmomente erlebst, und was alles schön ist in deinem Leben.

OPFER-SCHÖPFER

Als ich mich in einem Kurs bei Michael Beckwith mit den verschiedenen Bewusstseinsstufen beschäftigte, habe ich erfahren, dass ca. 80% der Menschen im Opferbewusstsein leben. Was heißt das konkret? Sie zeigen mit dem Finger auf die anderen, nach dem Motto: Die anderen sind schuld. Sie lästern oft über andere, in Gesprächen geht es meistens um sie und ihre Leiden. Sie befolgen kaum Ratschläge oder suchen nicht nach Lösungen. Sie sind meistens im Außen und nehmen sich keine Zeit, um sich mit ihrem Inneren, ihren Gefühlen und Gedanken zu beschäftigen. Wenn sie diesen Zustand jedoch erkennen (oft ausgelöst durch einen Schicksalsschlag, der sie wachrüttelt), können sie einen wichtigen Schritt machen: sich entscheiden für einen anderen Weg.

Sie kommen in ihre Schöpferkraft. Menschen im schöpferischen Modus sind selbst verantwortlich, d.h. sie übernehmen für ihr eigenes Glück und Wohlbefinden die Verantwortung. Sie sorgen gut für sich selbst und opfern sich nicht mehr für andere auf. Was nicht heißt, dass sie egozentrisch oder nicht hilfsbereit sind. Aber sie gehen bewusst mit ihren Ressourcen um. Sie suchen auch stets nach Lösungen, haben eine positive Grundhaltung und ein Urvertrauen.

Der Weg vom Opfer- zum Schöpfermodus ist kein linearer. Das bedeutet, wir fallen immer wieder mal zurück in alte Muster. Wie bei dem Leiterli-Spiel. Doch das Gute ist, wenn du weißt, WIE du wieder in die Schöpferkraft kommst, bleibst du nicht lange unten liegen. Und in der richtigen Energiefrequenz würfelst du im Beispiel des Leiterli-Spiels eine glücksbringende Zahl und schwupp bist du wieder auf der Überholspur.

URVERTRAUEN

Das Urvertrauen wird laut Literatur in den ersten Lebensmonaten und -jahren entwickelt. Je nachdem wie verlässlich die Bezugspersonen sich um die Bedürfnisse des Babys gekümmert haben, hat dies einen Einfluss auf das Urvertrauen.

Für mich bedeutet Urvertrauen zudem auch das Vertrauen ins Leben, in den Fluss des Lebens. Das bedeutet, dass ich annehmen kann, was ist. Auch wenn es vielleicht gerade mal keine so angenehme Situation ist, dass ich trotzdem versuche, im Vertrauen zu bleiben. Das Leben macht keine Fehler, sagt Kurt Tepperwein immer so schön. Wenn wir davon ausgehen, dass wir hier sind, um zu lernen und Erfahrungen zu machen, so macht alles im weitesten Sinn. Auch wenn wir manchmal im Moment des Schmerzes oder der Enttäuschung nicht die Sinnhaftigkeit erkennen können, folgt die Erkenntnis jedoch später.

Lerne dich weniger auf das Drama einzulassen und dich zu fragen: „Was an Gutem bringt mir diese Situation?" So lenkst du deinen Fokus vom Negativen ins Positive und somit auch deine Energie.

Übung:

Um das Urvertrauen zu fördern, gebe ich dir eine Übung, die ich liebe: Lege dich hin, auf dein Bett, besser auf eine Wiese oder einen anderen geeigneten Platz in der Natur. Strecke deine Arme und Beine aus. Spüre, wie du auf der Mutter Erde liegst, wie sie dich trägt, wie sie dich nährt. Nimm ihre Energie auf, fühle dich getragen, geliebt, gehalten. Intensiviere dieses Vertrauen, dass alles da ist, was du benötigst zum Leben. Atme stets langsam tief ein und aus und speichere dieses Gefühl tief in deinem Herzen.

Variante: Diese Übung kannst du natürlich auch im Wasser ausprobieren.

Kapitel 5

Das Unterbewusstsein

Die Rolle des Unterbewusstseins

Über die Rolle des Unterbewusstseins habe ich recht spät erfahren. Damals habe ich das erste Mal in meine Persönlichkeitsentwicklung investiert, und zwar in ein Programm, bei dem es genau darum ging. Es beinhaltete spezielle Audios, mittels derer ich mein Unterbewusstsein „umprogrammieren" konnte. Und das faszinierte mich sehr. Ich erinnere mich noch genau, wie aufgeregt ich war, und am Telefon auch nicht lange zögerte, einen größeren Betrag zu investieren.

Vielleicht hast du auch schon gehört, dass wir zu 95% vom Unterbewusstsein gesteuert sind. Lies den Satz bitte nochmal und mache dir bewusst, was er bedeutet: Wir sind zu 95% von unserem Unterbewusstsein gesteuert.
Folgende Illustration veranschaulicht es schön.

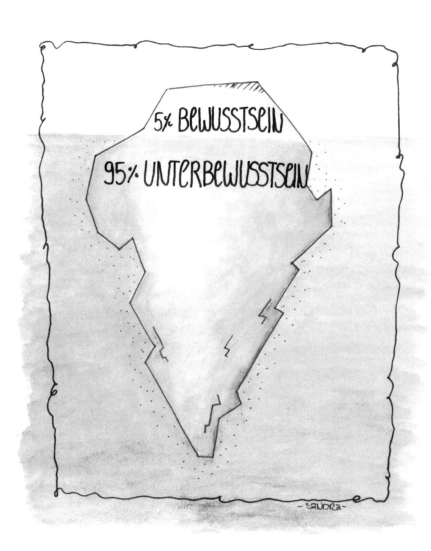

Das ist schon erstaunlich, nicht wahr? Mir hat es sehr geholfen, diesen Vergleich bzw. die Verhältnismäßigkeit zu sehen. So konnte ich mir plötzlich besser vorstellen, welches Ausmaß das Unterbewusstsein einnimmt bzw. wie mächtig dessen Einfluss wirklich ist. Nachdem ich mit der Rolle des Unterbewusstseins das erste Mal in Berührung kam, habe ich einige Bücher, Hörbücher usw. zu diesem Thema studiert: Es war für mich sonnenklar, warum meine frühere Arbeit nicht wirklich erfolgreich war.

In meinem alten Job war ich Ernährungsberaterin, hatte oft Menschen mit Übergewicht oder anderen Themen beraten. Vor allem beim Umstellen der Essgewohnheiten beobachtete ich immer wieder, dass meine Klientinnen rückfällig wurden. Ich verstand nicht warum und zweifelte sehr an meinen Fähigkeiten als Beraterin. Jahre später erst, als ich von der großen Wirkung des Unterbewusstseins erfuhr, war mir alles klar. Seither ist mein Fokus in meiner Arbeit mit meinen Kundinnen stark auf diesen Bereich ausgerichtet.
Ist es nicht wirkungsvoller, an den 95% zu arbeiten, wenn man sein Leben verändern will, anstatt an den 5%?

Deshalb vertiefen wir dieses Thema im Folgenden.

DEFINITION UNTERBEWUSSTSEIN
Das Unterbewusstsein kann ganz leicht definiert werden: alles, was nicht bewusst ist.

Und was ist bewusst? Das, was wir aktiv, mit Willen und Absicht steuern.
Wenn du beispielsweise im Kopf 15+11 rechnest, konzentrierst du dich bewusst darauf. Oder wenn ich dich bitte, an deine letzte Mahlzeit zu denken, dann erinnerst du dich bewusst daran, was du gegessen hast.

Unbewusst jedoch ist das, was automatisch passiert. Wenn du eine bestimmte Angewohnheit hast, beispielsweise täglich deinen Kaffee mit Milch trinkst, öffnest du automatisch den Kühlschrank, um die Milch herauszuholen. Oder wenn du Auto fährst, setzt du ganz automatisch den Blinker, wenn du abbiegen willst.

Entsprechend automatisch und unbewusst kommen auch sehr oft immer dieselben Gedanken hoch. Wir haben pro Tag etwa 60.000 Gedanken und der Großteil davon ist wiederkehrend, d.h. wir denken immer wieder dasselbe, und wie erwähnt, das meiste unbewusst.

Zu den sich wiederholenden Gedanken, die du vielleicht auch kennst, gehören beispielsweise: „Ich schaff es einfach nicht." „Ich kann das nicht." „Ich bin so müde."– Was denkst du, wie sich diese Gedanken, die ganz automatisch immer wieder auftauchen, auf dein Wohlbefinden und Verhalten auswirken?

Geringes Selbstwertgefühl

Bevor wir das Thema vertiefen, möchte ich dir meinen Selbstwert-Test ans Herz legen. Damit kannst du direkt herausfinden, wo du aktuell stehst.

Übung:

Nimm Zettel und Stift zu Hand und unterstreiche jede Aussage, die du mit einem Ja bestätigen kannst.

Selbstwert-Test:

Ich will es allen recht machen.
Ich kann nicht gut Nein sagen.
Ich übernehme oft Verantwortung von anderen.
Ich kann mich nicht gut abgrenzen.
Ich will es immer besser oder sogar perfekt machen.
Ich meine viel leisten zu müssen für Liebe & Anerkennung.
Ich hoffe oder erwarte, dass andere mich anerkennen & wertschätzen.
Ich nehme vieles persönlich, fühle mich schnell kritisiert.
Bei Kritik gehe ich meistens in die Verteidigung.
Ich gebe mir sehr viel Mühe, keine Fehler zu machen.
Ich ärgere mich über meine Fehler.
Ich sehe oft nur das, was ich schlecht mache.
Ich stehe nicht gerne im Mittelpunkt.
Ich fühle mich oft unwohl unter (unbekannten) Menschen.
Ich sage oft nicht, was ich denke.
Ich mache oft Dinge, die ich eigentlich nicht will.
Ich bin unzufrieden mit meinem Körper.
Ich bin eher schüchtern.
Ich habe oft Schamgefühle.
Ich mache mir oft Gedanken, was andere über mich denken (könnten).

Ich zweifle oft an mir.

Ich kann mich schlecht entscheiden.

Ich bin streng zu mir und habe hohe Anforderungen an mich.

Ich habe oft ein schlechtes Gewissen.

Ich kann mich schlecht wehren bei Grenzüberschreitungen.

Nun zähle alle unterstrichenen / markierten Sätze zusammen: Mehr als 8 deuten auf einen geringes Selbstwertgefühl hin.

_____

_____

_____

_____

_____

_____

_____

_____

_____

_____

_____

_____

_____

_____

_____

Typisch für ein Minderwertigkeitsgefühl ist, dass wir es allen recht machen wollen. Schlecht Nein sagen und uns nicht gut abgrenzen können. Oft machen wir zu viel für andere, übernehmen zu viel Verantwortung. Wir definieren uns zu sehr über unsere Leistung und Hilfestellung. So suchen wir Anerkennung, Lob und Wertschätzung im Außen.

Ein weiteres Indiz für ein schwaches Selbstwertgefühl ist, dass wir ständig an uns zweifeln und uns oft kritisieren. Die eigene Messlatte sehr hochstecken. Es gut oder sogar perfekt machen wollen. Mit uns selbst nie zufrieden sind und die 5 nicht gerade sein lassen können. Wenn ein Fehler passiert, folgt das arge Hadern mit sich selbst, gefolgt von schlechtem Gewissen und einem Gefühl des Versagens.

Entscheidungen fällen ist oftmals auch ein Problem. Viel Unsicherheit, langes Grübeln und die leichte Beeinflussung durch andere sind weitere Merkmale. Oftmals stecken wir sehr im Hin und Her und haben schlaflose Nächte.
Das Gedankenkarussell ist auch so ein Zeichen. Sich wortwörtlich den Kopf zu zerbrechen und lange über vergangene Situationen nachzudenken, gehen damit einher.

Offene und ehrliche Kommunikation ist ebenfalls oft eine große Herausforderung. Lieber schweigen wir, weil wir Konflikte vermeiden wollen. Oder wir gehen in Diskussionen oft unter und haben schnell das Gefühl, vielleicht doch etwas falsch gemacht zu haben.

Die eigenen Bedürfnisse wahrzunehmen und für sich selbst einzustehen, ist eine große Herausforderung für Frauen mit schlechtem Selbstwertgefühl. Wir setzen uns gefühlt immer an die letzte Stelle in unserer Prioritätenliste; wir opfern uns regelrecht auf. Wir kämpfen für die Familie, für die Kinder, für den Partner, bis wir nicht mehr können. Viele Frauen, die ich begleiten durfte, waren wirklich kurz vor dem Burnout. Aus meiner Sicht müssten wir es nicht so weit kommen lassen, wenn wir die Anzeichen früher erkennen, den Stolz bzw. das Ego beiseiteschieben könnten und früher Hilfe annehmen würden.

Das schlechte Gewissen ist fast ein täglicher Begleiter für Frauen mit einem geringen Selbstwertgefühl. Es tritt ein, etwa wenn wir etwas falsch oder nicht gut genug machen und unsere Kinder anschreien. Oder wenn wir uns Zeit für uns selbst nehmen wollen, plagt uns oft das schlechte Gewissen: Kann ich das tun, es mir erlauben?

Die Aufzählung ist natürlich nicht vollständig, doch vielleicht findest du dich bereits in einigen Punkten wieder.

URSACHEN VON GERINGEM SELBSTWERTGEFÜHL

Warum aber ist dieses geringe Selbstwertgefühl so stark vertreten bei den Frauen? Um diese Frage zu beatworten, müssen wir nicht lange suchen:

In der Schweiz haben Frauen erst vor wenigen Jahrzehnten (1971) das Frauenstimmrecht bekommen. Vorher hatten wir also nichts zu sagen, weder politisch noch familiär. Schauen wir uns die heutige Berufswelt an: Frauen verdienen meistens weniger als ihre männlichen Kollegen in der gleichen Position.

Zudem ist der Mama-Job gesellschaftlich zu wenig wertgeschätzt und anerkannt. „Sie ist ja nur zu Hause und betreut die Kinder." Überleg doch mal: Was gibt es Bedeutenderes, als Kinder großzuziehen? Kinder sind unsere Zukunft! Kinder sind die nächste Generation! Kinder sind jene, die eines Tages unsere Unternehmen führen, in der Politik arbeiten und unsere Zukunft steuern. Warum sehen wir es also als so unwichtig an, dass die Kinder liebevoll zu eigenständigen Persönlichkeiten begleitet werden?

Wie im Kapitel 2 unter dem Abschnitt Kindererziehung bereits erklärt, ist die Art, wie wir erzogen worden sind, grundlegend entscheidend für unsere Selbstsicherheit und unseren Selbstwert.

All die Ursachen unseres Minderwertigkeitsgefühls wurden uns mehr oder weniger in die Wiege gelegt, was heute die Epigenetik auch bestätigt. Deshalb ist es aus meiner Sicht unverhandelbar wichtig, sich diesen Prägungen nicht nur bewusst zu werden, sondern sie auch im Unterbewusstsein aufzulösen.

Speicherungen im Unterbewusstsein

Gehen wir nun tiefer und schauen uns folgende Facetten an, die in unserem im Unterbewusstsein gespeichert sind.

1. Altlasten von unseren Ahnen
2. Prägungen aus unserer pränatalen Phase
3. Prägungen aus unserer Kindheit
4. Weitere Prägungen aus unseren Erlebnissen
5. Prägungen aus unserer Gesellschaft
6. Weitere Einflüsse

1. ALTLASTEN VON UNSEREN AHNEN

Wir übernehmen zum Zeitpunkt unserer Zeugung nicht nur die physische DNA von unseren Eltern, sondern auch emotionale Blockaden, Muster und Altlasten, die vermutlich von Generation zu Generation weitergegeben wurden.

Dazu gibt es viele wissenschaftliche Hintergründe und Veröffentlichungen, falls du tiefer in diese Themen eintauchen möchtest (z.B. Dr. Joe Dispenza, Bruce Lipton).

2. PRÄGUNGEN AUS UNSERER PRÄNATALEN PHASE

Die Zeit, als wir im Bauch unserer Mutter herangewachsen sind, war sehr prägend. Das ist zwar absolut einleuchtend, wird jedoch unterschätzt: Du warst wortwörtlich eins mit deiner Mutter. Über die Nabelschnur und auch nicht-physisch hast du alles mitbekommen, was sie gedacht, gesagt oder gefühlt hat. Vermutlich hast du sogar wahrgenommen, was dein Vater gedacht, gesagt oder gefühlt hat.

Das müssen keine großen Dramen gewesen sein, wie z.B. der Tod einer nahestehenden Person. Es können ganz banale Gedanken, Sorgen oder Ängste deiner Eltern sein, die du wahrgenommen und auf diese Weise in dein System eingespeichert hast. Vielleicht solche wie: „Was denken denn die anderen?", „Ich kann das nicht." oder „Ich bin nicht (gut) genug."

3. PRÄGUNGEN AUS UNSERER KINDHEIT

In den ersten 7 Lebensjahren nehmen wir das Erlebte besonders intensiv in unser Unterbewusstsein auf. Warum? Weil Kinder sich in dieser Phase grundsätzlich in einer anderen Gehirnfrequenz befinden, nämlich in der Theta-Zone. Informationen zu den verschiedenen Gehirnfrequenzen und ihren Bedeutungen folgen am Ende dieses Kapitels.

Diese Begebenheit, dass Kinder sich im Delta- oder sogar Theta-Frequenz-Bereich befinden, erklärt auch, warum sie uns tatsächlich nicht so gut (zu-) hören.

Wenn du aus der Küche rufst, dass sie zum Essen kommen sollen, werden die kleinen Kinder das kaum wahrnehmen. Sie sind wie in einer Wolke. Deshalb gehe lieber hin, baue Augenkontakt auf (vielleicht sogar Körperkontakt) und teile ihnen so deine Botschaft mit. Das kostet dich unter dem Strich weniger Energie, als 3 Mal lauter zu werden oder dich aufzuregen, warum sie dich immer noch nicht hören.

Übung:

Reflektiere hierzu:

Welche Muster, Prägungen, Glaubenssätze hast du aus deiner Kindheit übernommen? Welche Sätze hast du immer wieder gehört von deiner Mutter, deinem Vater oder anderen Bezugspersonen?

Vielleicht sowas wie:

„Das kannst du nicht."

„Was meinst du, wer du bist?"

„Lass das besser bleiben."

„Warum machst du immer dieselben Fehler, kannst du nicht besser aufpassen?"

„Du bist wie deine Mutter / dein Vater / XY."

„Guck mal wie fleißig / gut XY ist im Vergleich zu dir."

„Streng dich an."

„Was wird wohl aus dir werden?"

Aus solchen wiederholt gehörten Sätzen können Glaubenssätze entstehen, die sich im Unterbewusstsein tief verankern:

„Ich schaffe das nicht, ich kann das nicht."

„Ich bin nicht gut genug, nicht schön genug, nicht ..."

„Ich bin schlechter als die anderen."

„Ich muss mich mehr anstrengen, muss mehr machen damit es reicht."

„Ich bin schuld."

„Ich bin eine Versagerin."

„Ich bin nicht wichtig."

„Ich bin nicht gewollt, ich bin nicht liebenswert."

Nimm dir Zeit, um zu reflektieren, welche Sätze immer wieder in dir hochkommen, welche Geschichte du dir erzählst, warum du etwas nicht kannst oder nicht machen solltest.

4. WEITERE PRÄGUNGEN AUS UNSEREN ERLEBNISSEN

All die Jahre, in denen wir in die Schule gingen, einen Beruf erlernten oder studierten, unsere ersten Erfahrungen im Job und in Beziehungen machten, haben uns geprägt. Auch wenn keine gravierenden Schicksalsschläge oder Misshandlungen passiert sind, können sie dennoch tiefgreifende Kerben in unserem Unterbewusstsein geschlagen haben – in Form von unbewussten Ängsten, Unsicherheiten, Glaubenssätzen und Überzeugungen.

Die Sache ist die, dass wir durch all diese Erfahrungen und Prägungen wie durch eine Art Brille unsere Umwelt wahrnehmen. Erinnerst du dich an das Bild in Kapitel 4 unter „Verschiedene Wahrheiten"?

Wir interpretieren die Geschehnisse im Außen dementsprechend und bewerten sie. Wenn du beispielsweise ein oder mehrere Male tief verletzt wurdest in einer Partnerschaft, hast du womöglich für dich den Glaubenssatz gespeichert: Männer sind untreu, unloyal oder egoistisch. Alles, was du in Bezug auf einen Mann erlebst, betrachtest du nun mit dieser Filter-Brille. Dein Gehirn filtert das, was du wahrnimmst, und sucht quasi nach Bestätigungen für diesen Glaubenssatz. Ein anderes Beispiel: Eine Frau mit einem starken Kinderwunsch wird immer wieder schwangere Frauen sehen, wenn sie durch die Straßen läuft. Was nicht bedeutet, dass es statistisch gesehen mehr Schwangere gibt als sonst.

Ein weiterer Faktor für sich wiederholende Ereignisse und Erfahrungen entsteht, indem du durch deine Gedanken und Gefühle Schwingungen erzeugst (siehe Bild in Kapitel 4, Dankbarkeit). Durch diese Schwingungen ziehst du magnetisch an, was du aussendest (Resonanzgesetz). Du siehst, es ist entscheidend, was sich in deiner unbewussten Innenwelt abspielt.

In diesem Zusammenhang hören wir auch oft den Spruch von Tony Robbins: „Where focus goes, energy flows" – Energie folgt der Aufmerksamkeit.

5. PRÄGUNGEN AUS UNSERER GESELLSCHAFT

Unsere Außenwelt, die Menschen, mit denen wir zusammenleben und im Weiteren auch die ganze Gesellschaft prägen uns ebenfalls unbewusst. Negative Glaubenssätze sind kollektiv gespeichert. Wir haben sie übernommen und halten sie für die Wahrheit, weil wir sie nie hinterfragt haben.

Übung:

Nimm dir jetzt bitte ein paar Minuten Zeit und schreibe welche gesellschaftlichen Glaubenssätze in dir gespeichert sind:

„Ohne Fleiß kein Preis. Für Geld muss man hart arbeiten."

„Man kann nicht alles haben."

„Das Leben ist hart und ungerecht."

„Frauen sind schwach."

„Das geht sowieso schief."

„Erst die Arbeit, dann das Vergnügen."

„Das gehört sich nicht."

„Wer Kinder in die Welt setzt, soll schließlich selbst nach ihnen schauen."

_____

- _____

- _____

- _____

- _____

- _____

- _____

6. WEITERE EINFLÜSSE

Sehr wahrscheinlich sind wir noch von einigen anderen Einflüssen geprägt. Beispielsweise können uns die Planetenkonstellationen beim Zeitpunkt unserer Geburt beeinflusst haben. Aus diesen Berechnungen stammt die Astrologie mit ihren Sternzeichen und Aszendenten. Human Design oder Gene Keys beschäftigen sich ebenfalls mit diesem Phänomen.

Es kann auch sein, dass unsere Seele Prägungen mitgebracht hat, die aus einer Zeit vor unserem aktuellen Leben stammen. Falls du dich vielleicht noch nicht mit diesem Thema beschäftigt hast, geht es dir wie mir vor einigen Jahren. Ich dachte: „Wie bitte?", als ich damit in Berührung kam. Das Leben nach dem Tod war für mich inexistent oder anders gesagt: Ich dachte nicht darüber nach.

Eines Tages war ich bei einem Vortrag von Pascal Voggenhuber, einem Schweizer Medium. Am Ende des Abends machte er dort live 3 Jenseitskontakte. Der eine davon war der Bruder meiner Schwägerin, der damals mit 19 Jahren bei einem Verkehrsunfall um's Leben kam. Pascal erzählte Details, die er nicht wissen oder recherchieren haben konnte. Ein weiteres überzeugendes Erlebnis kam durch eine Sitzung mit einem Medium zustande. Mein Mann kam durch dieses Medium in Kontakt mit seinem Vater und ihm wurden Informationen mitgeteilt, die nur er und sein Vater wussten. Seitdem beschäftige ich mich mit diesem Thema. Ich denke, dass es durchaus möglich ist, dass wir mehrere Male inkarnieren, wie der Buddhismus und Hinduismus dies auch lehren.

Vielleicht hast du schon mal die Rede von einem „Seelenplan" gehört. Es könnte sein, dass unsere Seele unsterblich ist und sich gewisse Aufgaben ausgesucht hat, bevor sie auf die Erde kam. Jedenfalls denke ich, dass wir Menschen gewisse Erfahrungen machen wollen, um daraus zu lernen.

Die Geschichte „Die kleine Seele spricht mit Gott" von Neale Donald Walsch war damals eine wirklich heilsame Erkenntnis für mich. Ja, sie war ein Gamechanger. Ich erinnere mich noch genau daran, als ich mit meinem Mann und den Kindern im Auto saß (damals waren wir frisch getrennt) und er auf YouTube diese Geschichte abspielte. Es faszinierte mich sofort und gleichzeitig wurde ich etwas wütend, weil ich wusste, er wollte mir damit etwas sagen. Diese Geschichte half mir sehr, aus meinem Opfer-Gefühl herauszukommen. Die Idee, dass ich mir vielleicht gerade so eine Sch...situation, ein zerbrochenes Familienbild, ausgesucht habe, damit ich da rauswachsen konnte (und Vergebung lernte), war sehr transformierend für mich. Ich lege es dir wärmstens ans Herz, dir dieses Audio auf YouTube anzuhören.

Unterbewusstsein verändern

Wie können wir aber nun im und mit unserem Unterbewusstsein arbeiten?
Das ist eine entscheidende Frage, denn nur so kommen wir aus meiner Sicht
langfristig auch aus unseren Mustern und Gewohnheiten heraus.

Nun möchte ich dir gerne zunächst die verschiedenen Gehirnfrequenzen
vorstellen:

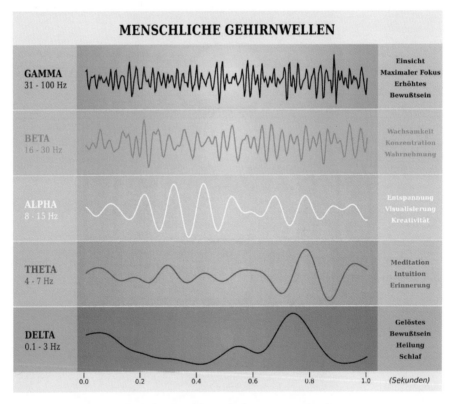

Bild-Quelle: Alamy.de (Lizenz erworben)

Wenn wir miteinander reden oder ganz bewusst auf etwas fokussiert sind, dann befinden wir uns im grünen Beta-Bereich, dem Wachzustand. Wenn wir in einem tagträumerischen Zustand sind, beispielsweise ganz automatisch die Wäsche aufhängen und gedanklich abdriften, sind wir im Alpha-Zustand. Bei einer Meditation, einer tiefen Entspannung sowie vor jedem Einschlafen gelangen wir in den Theta-Zustand. Die noch tiefere Phase ist der Delta-Zustand, bei dem wir schlafen.

Welche Phase denkst du, ist die beste, um im Unterbewusstsein zu arbeiten? Es ist die Theta-Frequenz. Stell dir vor, dein Unterbewusstsein öffnet seine Türen, du trittst hinein und kannst sozusagen das Unkraut in deinem Lebensacker am einfachsten entfernen. In meiner Praxis begleite ich meine Kundinnen durch eine Tiefenmeditation in eine tiefe Entspannung. In diesem Gehirn-Frequenzbereich bleiben wir sehr lange und befreien den jeweiligen Lebensacker mit Hilfe einer speziellen Atemtechnik.

VERSCHIEDENE METHODEN

Es gibt verschiedene Methoden, um im Theta-Bereich zu arbeiten:
- Tiefenmeditation in Kombination mit Atemtechnik
- Meditation
- Atem-Arbeit (Breath Work)
- Hypnose
- Theta-Healing
- Access Bars
- und viele weitere

Andere wirksame Methoden für die Veränderung im Unterbewusstsein, mit denen ich ebenfalls gute Erfahrungen machte:
- Kinesiologie
- Systemische Familienaufstellung
- Emotionscode
- Healing Code
- Energie-Arbeit
- Frequenz-/Heilmusik, binaurale Beats
- Positive Affirmationen
- Subliminal-Audios
- Tägliche Routinen für die ganzheitliche Balance
- Training des positiven Mindsets

In diesem Zusammenhang empfehle ich dir ein interessantes Buch: „Die Macht ihres Unterbewusstseins" von Dr. Joseph Murphy.

In der **Goldwärt-Reise**, meinem 4-monatigen ganzheitlichen Transformationsprogramm, setzen wir auf verschiedene Methoden, um tiefgreifend und langfristig das Unterbewusstsein „umzuprogrammieren". Meine Erfahrung mit über 130 Menschen in 4 Jahren und eine Erfolgsquote von über 95% bestätigen mir immer wieder, wie wirksam und nachhaltig dieses Konzept ist.

Übung:

Überlege dir: Welche Methoden möchtest du anwenden, um auch bei dir die Grundsteine im Unterbewusstsein für eine langfristige Veränderung zu setzen?

_____

_____

_____

_____

_____

_____

_____

Kapitel 6

Zusammenfassung der Praxis-Tipps

Liebe Leserin

Du bist nun im letzten Kapitel angelangt und ich gratuliere dir, dass du dieses Buch bis zum Ende gelesen hast! Woooow! Statistisch gesehen ist es eher unwahrscheinlich, dass Bücher zu Ende gelesen werden ;) Deshalb: Klopf dir selbst auf die Schultern!

Nun, inwiefern hast du die Tipps im Buch schon angewendet?
Hast du die Aufgaben ausgefüllt?
Hattest du wertvolle Erkenntnisse oder Aha-Momente?
Aber vor allem: WAS möchtest du konkret weiter umsetzen?

Denn das Ziel dieses Buches ist nicht, dass du nur Informationen sammelst und dich berieseln lässt, sondern dass du umsetzt und dadurch dein Alltag ein Stück leichter wird, du dein Familienleben mehr genießen kannst.

Meine wichtigsten Goldwärt-Tipps

1. Nimm dir Zeit für DICH, das ist das Allerwichtigste. Bau dir kleine Inseln ein während des Tages, um deine Batterien aufzutanken. Auch kleine Zeitfenster sind wertvoll. Achte dabei darauf, dass du dir auch Auszeit und nicht nur Ausgleich-Zeit nimmst. Mache z.B. eine Siesta am Mittag, bei welcher du positive Affirmationen hörst und damit dein Unterbewusstsein programmierst. 15-20 Minuten reichen.

2. Starte mit einem Lächeln in den Tag, ganz bewusst. Sei dankbar für den neuen Glückstag, der wieder so vieles für dich bereithält. Gerne kannst du dazu meine kostenlose und so wertvolle Morgenmeditation machen.

3. Integriere deinen Partner; bitte ihn um Mithilfe, sei es bei den Kindern oder im Haushalt. Äußere ganz konkret, was du dir wünschst. Lasse dabei aber auch los von deinen eigenen Vorstellungen, wie er es genau zu machen hat, denn jeder hat seine eigene Art und Weise.

4. Schraube deine Ansprüche an dich selbst herunter. Unperfekt bist du perfekt. Die Kinder haben lieber eine Mutter, die sich mal Zeit nimmt für sie, statt eine, die ständig mit dem Putzlappen umhergeht. Zudem setze dir lieber kleine Ziele und kurze tägliche To-Do-Listen, so verlangst du weniger von dir selbst. Das reduziert den Druck und du hast schneller Erfolgserlebnisse.

5. Liebe und akzeptiere dich selbst immer ein Stück mehr. Schenke dir selbst Aufmerksamkeit und Wertschätzung. Sei stolz auf alles Kleine wie Große, das du geschafft hast. Klopf dir auf die Schultern, schau in den Spiegel und lächle dich an.

6. Erweitere die Kinderbetreuungsmöglichkeiten. Sei hier kreativ und bitte auch um Hilfe (Nachbarn, Freunde, Familie, Ersatz-Oma, Babysitter, Institutionen, Spielgruppen usw.). Hilfe anzunehmen, heißt nicht zu versagen. Halte dir vor Augen: Meistens ist es eine Win-Win-Win-Situation für alle Beteiligten. Mach dir hierbei immer wieder bewusst: Dich aufzuopfern bringt niemandem etwas, und du darfst ohne schlechtes Gewissen die Kinder abgeben.

7. Bring deinen Körper in Schwung. Baue regelmäßig Bewegung in Deinen Alltag ein. 15-Minuten-Workout zu Hause kann dir schon am Morgen einen Energie-Boost geben.

8. Erlerne stressreduzierende SOS-Tools wie kalt duschen, Klopf- und Atemübungen, um dich in Herausforderungen wieder auszugleichen.

9. Setze bewusst Priorität auch auf die Partnerschaft. Macht einen Abend pro Woche einen Paar-Abend und vielleicht 1 Mal pro Monat einen langen Spaziergang oder eine andere Aktivität zusammen. Das fördert eure Beziehung ist eine der besten Investitionen in eure Familienzukunft.

10. Mache einen Wochenplan, wann du dir und dein Partner sich Me-Time nehmt. Aber auch welche Zeitfenster ihr zu zweit verbringt. Überlege dir zudem genau, mit wem du wirklich Zeit verbringen möchtest und reduziere energiefressende Kontakte.

11. Du bist für dein Glück selbst verantwortlich. Erinnere dich immer wieder daran: Du bist Schöpferin und nicht Opfer.

12. Setze dir Ziele, formuliere deine Wünsche. So richtest du deine Energie danach aus. Sei dabei sehr konkret und erstelle anschließend ein Visionboard oder auch ein Audio mit deinen Wünschen und Zielen.

13. Fokussiere dich auf das Positive. Mache abends die Dankbarkeitsübung; sie ist ein Schlüssel zum Glück. So kannst du mit positiven Gedanken und Gefühlen in den Schlaf gleiten.

14. Räume dein Unterbewusstsein auf. Alles positive Ausrichten wirkt nur minimal, wenn du diesen Schritt auslässt. Räume deinen Lebensacker auf vom Unkraut, den negativen Glaubenssätzen, Erinnerungen, Altlasten.

15. Bleibe dran, es ist ein lebenslanger Prozess. Aber du wirst sehen, wie langsam aber sicher eine Aufwärtsspirale entsteht. Wähle bewusst, welche Informationen du deinem Gehirn fütterst, achte auf deine Gedanken und Gefühle während des Tages. Werde zur Beobachterin. Und wende es immer wieder an: beobachten und bewusst werden, entscheiden und umsetzen.

Abschliessend hier nochmals meine wichtigste Herzensbotschaft für dich:

Du bist der wichtigste Mensch in deinem Leben!
Wenn es dir gut geht, profitieren alle davon.

Ich wünsche dir von ganzem Herzen viel Erfolg beim Umsetzen!

Schreibe mir gern, wie es dir dabei ergangen ist, was hilfreich war oder was du dir anders gewünscht hättest auf: info@balancierdich.com

Meine Links und Empfehlungen

Downloads zum Buch (Happiness- und Selbstliebe-Rad, Glückstagsmeditation) sowie meine aktuellen Empfehlungen (Tools, Nahrungsergänzungen, Umgang mit Elektrosmog). www.balancierdich.com/tools

Mehr Gelassenheit im Alltag – Persönliche Beratung

Du hast schon einiges ausprobiert und bist immer noch nicht an dem Punkt, an dem du die Mama bist, die du sein möchtest?

Ich biete dir (solange meine Kapazität es zulässt) ein Beratungsgespräch an. Dabei analysieren wir deine Situation und du bekommst wertvolle Impulse und Lösungsvorschläge, was dir aus meiner Sicht weiterhelfen kann.

Hier kannst du dir einen Termin für eine Herz-zu-Herz Beratung buchen:

WILLST DU ANDEREN MÜTTER WEITERHELFEN?

Wenn das Buch für dich nützlich war, so wäre das vielleicht ein wertvolles Geschenk für andere Mütter in deinem Umfeld?

Ich würde mich sehr freuen, über deine Unterstützung in Form einer Weiterempfehlung oder auch Bewertung auf Amazon, DANKE!

Deine Erkenntnisse und Ziele

Was sind deine Erkenntnisse aus diesem Buch?

_____

_____

_____

_____

_____

_____

_____

_____

_____

_____

_____

_____

_____

_____

_____

Was willst du konkret in welchem Zeitrahmen umsetzen? Vielleicht kannst du hier das Happiness-Rad nochmals zur Hand nehmen und dir Ziele in den verschiedenen Lebensbereichen setzen.

_____

_____

_____

_____

_____

_____

_____

_____

_____

_____

_____

_____

_____

_____

_____

_____

Danksagung

Als erstes danke ich mir und anerkenne ich mich selbst. Das mag unüblich sein, aber es ist mir sehr wichtig aufzuzeigen, dass wir uns selbst mehr anerkennen und wertschätzen dürfen ;)

Ich bin dankbar, dass ich den Mut hatte, immer wieder nach Lösungen zu suchen, ungewöhnliche Wege einzuschlagen und meinem Herzen zu folgen. Dabei durfte ich immer wieder meine Ängste überwinden, wie auch hier mit diesem Buch. Den Schritt zu wagen, überhaupt ein Buch zu schreiben und es dann auch noch zu veröffentlichen, das kostete mich nicht nur Zeit und Disziplin, sondern auch Mut. Deshalb anerkenne ich mich dafür, DANKE!

DANKE auch an alle meine Familienmitglieder im engeren und weiteren Kreis, die mich in meinem Leben begleitet haben. Durch sie durfte ich viel lernen, erkennen und lösen in meinem Unterbewusstsein.

Danke an meine Mentorin und Freundin Heli Stofiglio, die mich mit Liebe und auch klarer Ehrlichkeit in meiner Weiterentwicklung am meisten gefördert hat. DANKE!

DANKE an alle meine Kundinnen, insbesondere meine Soulmates, die Goldwärt-Frauen. Durch euch durfte und darf ich wachsen, mich weiterentwickeln und vor allem meine Herzensmission leben. Danke für euer Vertrauen, dass ihr euch auf diese spannende Goldwärt-Reise mit mir begeben habt! Durch all diese Erfahrungen ist schlussendlich dieses Buch entstanden, in welchem ich versuchte, die Essenzen zusammenzufassen. Im Herzen bleiben wir immer verbunden!

DANKE an alle, die an diesem Buch mitgewirkt haben, sei es mit gegenlesen, lektorieren, illustrieren, oder mir beratend zur Seite standen! Besonderes Dankeschön geht an Claudia Probst, Ordnungscoach und Mitglied meines wunderbaren BalancierDICH-Teams.

DANKE DANKE DANKE!

Printed by Amazon Italia Logistica S.r.l.
Torrazza Piemonte (TO), Italy

55891422R00065